等待花开的季节里
守望成长

查燕霞◎著

中国广播影视出版社

图书在版编目（CIP）数据

等待花开的季节里守望成长 / 查燕霞著 . -- 北京：
中国广播影视出版社，2023.9
ISBN 978-7-5043-9047-9

Ⅰ.①等… Ⅱ.①查… Ⅲ.①教育—文集 Ⅳ.
①G4-53

中国国家版本馆 CIP 数据核字（2023）第 106232 号

等待花开的季节里守望成长

查燕霞　著

责任编辑：黄月蛟
封面设计：人文在线
责任校对：龚　晨

出版发行：中国广播影视出版社
电　　话：010-86093580　010-86093583
社　　址：北京市西城区真武庙二条 9 号
邮政编码：100045
网　　址：www.crtp.com.cn
电子信箱：crtp8@sina.com

经　　销：全国各地新华书店
印　　刷：三河市龙大印装有限公司

开　　本：710 毫米 × 1000 毫米　　1/16
字　　数：205 千字
印　　张：13.75
印　　次：2023 年 9 月第 1 版　　2023 年 9 月第 1 次印刷

书　　号：ISBN 978-7-5043-9047-9
定　　价：56.00 元

序 一

叽叽喳喳——看得见的成长

2013 年 5 月的某一天，我还在社发局里，当时已经被招聘录用的查燕霞老师来到我的办公室。记得她身穿白色连衣裙，风一样地来到我的面前，当时我们聊了许多，最多的是谈文学。因为都是中文系的，所以在文学艺术方面有了更多的话题。她给我的第一感觉：这是一位做事干练的、处事用心的好教师。

2013 年江湾小学办学伊始，学校就提出了"半天学校 童年味道"的办学愿景，并实施"T+X 童年味道"课程改革，这在全省是最早的。学校总共 22 位教师，70%是和查老师一样刚刚走上工作岗位的 90 后，课程改革对他们来说是非常困难的一件事。但是正所谓初生牛犊不怕虎，在 2013 年 11 月，这批年轻人面向整个经济技术开发区开出了 8 堂高质量的课程改革实践课，引起了所有人的极大兴趣和关注。查老师就是其中的一位。2014 年我在《人民教育》发表的文章《从一个人到一群人》，开篇就是写当年查老师的课程改革课堂实践。

从给我一个班、关注每一人，从做好一名教师、当好一个班主任开始，查老师每天总是面带微笑，步履匆匆。我发现她可能着急过，但从来不在学生面前表现出来。她对工作的要求很高，但是总是在和风细雨中达成目标。在一次一次的课堂展示、案例研究、故事分享、个人总结中逐渐成为学校教学骨干、年级组长，做过教学中心的管理工作，这几年又在主管学校的学生工作，可以说，她成长的每一步都是用自己坚实的脚步走出来的。

有人说十年磨一剑，对于一位年轻老师来说，十年可以打下扎实的基础，接下来要重新整装出发，可以更好地发展。这几年来，查老师在工作之余从来没有停止过学习和思考。前几天《等待花开的季节里守望成长》的书稿发给我的时候，我十分感动。一个年轻教师，在这么繁重的工作条件下，还能这么用心地去记录、书写，要比别人付出更多的时间和心血。

这本书是一个一线教育工作者用自己的教育理念指导教育实践的心路历程。三个篇章处处体现了一位现代年轻教育工作者对新时代教育的思考理解和不懈追求。第一章用对一个个孩子的教育案例来表达思想：不论是在班级中，还是在学校的学习群体中，每一个孩子都是很有价值的成员，每一个孩子都是独一无二的天使，我们为人师者，要更注重他们的成长过程。剩下的呢？那就交给时间吧！

等待花开的季节里守望成长

第二章是书信对话。作为班主任，每天要面对来自学校、来自学生、来自家长各种层面的问题，除了对话，有时候，"传统的交流方式"——书信，能帮助我们处理很多问题。文字是有温度的，它是一种最直接又最真诚、最快速又最细腻直达对方心灵的对话方式。

第三章是班级管理宝典——当我拥有一个班级。我特别欣赏这个标题，可以看出一个教师对拥有一个班级的无比自豪感。当我拥有一个班级，当我拥有一群孩子，如同我拥有了一个家庭，我拥有了一片教育的自留地、实验田。

当我拥有一个班级，我希望它变成什么样呢？我希望，我把一棵棵幼苗种下，精心灌溉，用心施肥，土地日益肥沃，幼苗茁壮长大。在班集体这片土地上，坚实地做好"五大要素"创建工作，就是土地所需的水源与肥料，它们能充分滋养幼苗，为幼苗补给必要的营养。我希望，在幼苗成长的过程中，多一点灿烂的阳光、吹拂的微风、潺潺的流水和啼鸣的小鸟，这就需要我们在建设班集体时再多一些用心与创意，以特色班集体建设为载体，以"三大板块"建设为支撑，呵护幼苗汲取更多的营养，快乐成长。我更希望，每一个班主任，用主动、融通、勤思的态度去"读"孩子们，牵手岁月，在等待花开的季节里守望成长。

皮亚杰说过，作为一名教师，改变知识传递者的形象，使自己成为研究者、探索者，是一条必须的途径。查老师就是这样一位基层实践者。因为姓查，平时工作中我都叫她喳喳，显得更加随和。叽叽喳喳，原本指有点吵吵闹闹，我想表达的是工作风风火火，场面热热闹闹，成长风生水起。平时我经常强调工作中一定要把握发声的机会，珍惜出场的机会，讲好江湾故事、传播江湾声音，这就是看得见的成长。我想今天查燕霞老师以自己的十年证明了一句话：不知不觉地努力，不知不觉地成长！

是为序。

杭州市钱塘区教育局关心下一代工作委员会副主任
杭州市钱塘区童年味道研究院院长
原杭州市钱塘区江湾教育集团总校长
沈兴明
2023 年 4 月 3 日　星期一

序
一

序 二

　　草泡露，花带雨，柳含烟。当江湾小学的查燕霞老师将撰写的书稿呈给我，让我给她的书稿写序的时候，我诚惶诚恐，甚是紧张。但是作为一名区德育教研员，阅读区中小学德育工作者撰写的材料，又是我的工作职责。之后我便认真研读了查老师撰写的一篇篇富有教育情怀的感悟和一个个富有童年趣味的育人故事。一种"细雨湿衣看不见，闲花落地听无声"的感觉慢慢涌上心头。于是逐步回想起和查燕霞老师教育情怀的偶遇之情。

　　初见查燕霞老师是在江湾小学的德育和劳动实践教育活动检查中。在她汇报学校德育工作的时候，初见她，落落大方，朴素干练。"眉梢眼角藏秀气，声音笑貌露温柔。"在她的阐释和讲解下，我认识了江湾小学"童年有点'田'"的"童年趣味德育课程"。之后才知，在她的规划下，学校开辟了校本农耕园"童年趣味"劳动实践基地，她组织构建了江湾小学校本德育课程体系和劳动实践系列活动。这样一个小小的德育实践基地，却惹来全校小朋友们的狂欢和喜爱。就是在这个微型的"童年有点'田'"的劳动实践基地里，她和她的团队成员一起践行着"童年趣味"，启迪着小朋友们的梦想，营造着小朋友们的欢乐。正所谓，小小一天地，蕴含大精彩。江湾小学的童年趣味德育课程和劳动实践教育成了一个品牌。因此，《浙江教育报》等媒体先后对"童年趣味"进行了采访报道……

　　二见查燕霞老师是在区中小学德育班主任基本功大赛比赛中。查燕霞老师作为江湾小学的德育处主任同时还兼任班主任。因此她参加了区中小学班主任基本功大赛。她先后获得了班主任班级管理理论知识笔试一等奖、主题班会课设计一等奖、情景模拟表演一等奖，于是很顺利获得了钱塘区班主任基本功大赛综合素养一等奖。"言语巧偷鹦鹉舌，文章分得凤凰毛。"此时，我才开始重新认真重视和关注起这个老师。我慢慢知道了她：她满怀热情、投身教育、扎根德育、创新实践；她是学生心目中的"孩子王"。她所带的班级连续4次获得区"先进班集体"荣誉；因为她对孩子们的爱意和对教育事业的虔诚，她也先后获得了区"优秀班主任"、区"德育工作先进个人"等荣誉称号；江湾小学的小朋友、孩子的家长和同事们都特别喜欢她。

　　三见查燕霞老师是在区中小学德育高研班培训中。因为工作职责使然，我要组织区中小学新锐班主任班、德育骨干班、名班主任培训班和德育干部高研班四个系列培训。查燕霞老师刚好参加德育高研班培训。第一期培训结束后，我要求培训班学员上交培训感悟。查燕霞老师在感悟中写道："我们是新时代的学校德育领导，我们应该引领我们的老师要有与时俱进的教育理念。我们要让老师们知道：谁爱儿童的叽叽喳喳声，谁就愿意从事教育工作；而谁爱儿童的叽叽喳喳声已经爱得入迷，谁就能从自己的职业中获得幸福。教师的幸福不在于别人的评价，更关键的在于自己的感觉。只要用心做好自己的事，关爱孩子们的成长，便能从学生们的成长中获得快乐的感觉。"

　　今天，我有幸阅读查燕霞老师撰写的书稿。回顾起近四年来和她交往的一些经历，点点滴滴，余味无穷。南方有一种叫作竹子的植物，每当惊蛰春雷过后，人们会惊呼一夜之间，竹子竟然能一下生长30厘米。其实，为了这30厘米，竹子已经在深层土壤里盘根扎存了四年。我认识的查燕霞老师应该就是这样一竿竹子。她扎根德育，喜欢学生；带领团队，引领示范；不断总结，不断创新。用细腻的文笔记录教育生涯的点滴故事，因此便有了本书的出版。"笔下墨动情趣在，三点五点悲喜中。"本书的成果既是她对前期教育探究的阶段性成果，也是她对以后教育生活探索的起点。也希望像查燕霞老师这样热心于德育工作的人越来越多，更希望她在未来的教育生活中开出更鲜艳的花朵。临稿回顾，不知所言，斯为序。

杭州市钱塘区中小学德育研究暨班主任
专业化成长指导中心主任
余　谦
2023 年 4 月 15 日

目录 / Contents

第一章　听心底花开的声音

第二章　笔尖下的纸短情长

等待花开的季节里守望成长

第三章　当我拥有一个班级

等待花开的季节里守望成长

第一章

听心底花开的声音

那个窗边的小豆豆，一个因淘气，一年级就被退学的孩子，回忆自己的亲身经历，轻柔传递着小林老师的教育信念："无论哪个孩子，当他出世的时候，都具有优良的品质。在他成长的过程中，会受到很多影响，有来自周围环境的，也有来自成年人的影响，这些优良的品质可能会受到损害。所以，我们要早早地发现这些'优良品质'，并让它们发扬光大，把孩子们培养成富有个性的人。"

雷夫的第56号教室，就像一个具有象征意义的符码，它用一个充满惊讶和感动的过程告诉我们：一间教室的容量可以很大很大，当教师用好能力范围内最宝贵的东西——时间，就可以带给孩子无限多的东西。

而王悦微的"我们1班"，在她细腻的笔触下记录的那间教室，孩子们的天真可以填满整片宇宙！那一个个纯真而又玲珑可爱的孩子，于细水长流间诉说着一个温暖的故事：孩子们在成长，作为老师，也在成长，成长为更平和、更宽容的人。

因为懂得，所以慈悲。

因为学习，所以成长。

在我带班踌躇不前时，夜深人静也曾迷惘落泪时，暗下决心许愿成为更好的老师时，这些书籍或人物都给予了我无限的力量。我鼓起勇气，也开始记录我的班级、我的孩子、我的教育与成长故事。我盼望着，当我在面对一个个如钻石般纯粹、晶莹剔透的孩子时，我能牵着他们的手，走向更明媚的远方……

当年纪还小的时候

牵着蜗牛去散步

俞玉萍老师在《百合班的故事》一书中说："我是一株百合，不是一株野草。唯一能证明我是百合的方法，就是开出美丽的花朵。"在她的百合班里，每一个生命都能开出一朵花。而翻阅着她和孩子们的故事，我不禁想到了自己班上的一个孩子。

小志，一个有点特殊的小男孩，瘦瘦小小的，坐在第一排。之所以说他特殊，是因为他是个早产儿，相比同龄的孩子，他看起来真的很小，大大的双眼隐隐透着胆怯，不说话，也不与人交流。那时的他，早上哭着不肯进教室；不爱说话，不愿与其他小朋友接触；不喜欢排在队伍里，放学需要副班老师追着他抱在怀里跟在队伍后面……别的小朋友慢慢都进入了学习状态，只有他依然待在自己的小世界里，上课不听讲，只顾着玩铅笔，桌面上到处都是被折得破烂的书、洒落的水，还有东一道西一道的铅笔痕迹，一片狼藉。

小志一直不能适应学校生活，看着这样的他，我的心情也变得越来越焦虑。不知不觉，我的音量开始提高了，我的双眉也总会在他面前紧锁。"小志，不要跪在凳子上。""小志，放下你手中的铅笔！""小志……"我讨厌这样的自己，只会用批评、责备的方式去制止孩子。从没有过这样的无助感，我觉得自己走不到他的心里，不管我说什么做什么，小志永远只是用他那双清澈的眼眸定定地看着我，不发一言。

这样的小志让我想起作家张文亮书中的那只蜗牛，"让蜗牛往前爬，我在后面生闷气"。牵着这样的蜗牛，回头看我们走过的路，我是不是走得太快了？罗曼·罗兰曾说："要散布阳光到别人心里，先得自己心里有阳光。"我想做个阳光老师，想让他从心底里接纳我。于是，我放慢脚步，不再对他着急。我总是对他笑，俯下身轻柔地和他说话；我总会在全班面前表扬他，哪怕他只有一丁点儿进步；我发动全班同学帮助他，让他感受来自集体的关爱……

教育是慢的艺术，对待小志，我学会了多一分呵护，多一分宽容。

润物细无声，就在风轻云淡之中，我第一次看到他的笑容，第一次听他主动跟我说话，第一次发现他认真写字，第一次见他跟同学在操场上奔跑、玩耍……

一眨眼，一年过去，新学期的家访又开始了，走在去小志家的路上，还没到小区门口，远远地就看见一个小人儿蹦蹦跳跳地向我挥舞手臂，依然是那么瘦瘦小小，但脸上再也不见胆怯，不再是那个躲在妈妈身后的孩子，那一声盛满笑意的"老师，你来啦!"在我听来，犹如天籁之音。

> 我闻到花香，我感到微风；
>
> 我听到鸟叫，我听到虫鸣；
>
> 我看到满天的星斗多亮丽!
>
> 我忽然想起来了，莫非我错了?
>
> 是天使叫一只蜗牛牵我去散步。

那个喜欢踩雨的小男孩

小毅，一个与其他小朋友很不一样的孩子。幼小衔接的第一天，所有的小朋友都跟着老师的口令，学习列队、端坐等常规，只有他，一个人跑到操场边的沙坑里，玩得不亦乐乎。你觉得他是因为孤独吗？也不是，走近看就会发现，他和沙子有好多说不完的话："沙子沙子，我今天上小学了，但是坐在教室里好没意思，还是和你们玩最快乐!""我要堆一个大城堡，城墙外要建护城河！"……他的嘴巴一直没停下来，他一个人独享了整个操场和整个沙坑的快乐。

后来，我听闻了很多关于他的故事。上课突然跑出教室，课堂上突然唱起歌，因为下雨上不了体育课而大发脾气，排着队一眨眼就消失不见……老师们总要花上比关注别人多得多的时间去关注他，生怕一个转身，他就不见了踪影。于是，我对小毅越来越好奇。这个看上去如此与众不同的小男孩，他的心里究竟在想些什么呢？

好奇意味着关注，关注就是思考的开始。一年后，我成了小毅的语文老师，和他第一次有了近距离的接触。在一段时间的细细观察后，我发现，这个小孩真的是很不一样啊！兔子乐园刚建成的第一天，他就跨过围栏，钻进兔子窝，和小兔子来了个"亲密接触"。吃饭、午睡、上课，他抓住一切时间与兔子待在一起，有一次还为了守住自己的最佳"观兔阵地"，"勇敢"地和五年级的学生打了起来。只要上课时看到他的座位是空的，孩子们就知道，去兔子乐园就一定能找到他。还有练习课时，经常大家正做着作业，安静的教室里突然传出一声尖锐的带着愤怒的奶声奶气的"嘶吼"，不用说，那一定是因为小毅又没有算出答案，用发脾气的方式在对自己生气。

很多时候，老师们都对他感到头疼、无奈，包括我，也经常觉得无所适从，因为他的很多表现的确影响了课堂秩序和其他同学。而小朋友们好像也对他的"独特"表现渐渐感到习以为常。如果用固定型思维，他是典型的让老师头疼的"特质学生"，我们也曾多次和小毅的家长沟通，也用过很多种办法去尝试改变他。可无疑，一个孩子尤其是"问题孩子"的成长和变化，是需要非常漫长的时间的洗礼的。剥开他的各种"异常"行为的外衣，我发现，他在做出很多令人瞠目结舌的事情的时候，内心是真的很天真、很快乐！

苏霍姆林斯基说："所有能使孩子得到美的享受、美的快乐和美的满足的东西，都具有一种特殊的教育力量。"下雨天，他一个人尽情地在雨中奔跑、踩水坑、喝雨水，身上淋的雨点越多，他越是笑得大声。如果抛开"淋雨会生病，衣服会弄脏"这些所谓的不好的结果，我们在他的行为中，真切地感受到了他对下雨天的好奇与喜爱，玩沙子也是，对小兔子也是。所以，当他浑身湿漉漉地走进班级，很多小朋友皱起眉头时，我笑着说："现在的你一定很开心，因为所有的小雨点都抢着和你做朋友。但是雨点朋友太多也不好，在你身上待久了容易感冒。"他听了哈哈大笑，赶紧拿毛巾擦干自己。

后来的小毅怎么样了呢？个头长高了，课上不再跑出教室了，队列也能好好排了，有一些变了，有一些似乎又没有改变。他会因为太阳落山太快、放学太早，没有来得及在学校完成作业而对太阳生气，会因为喜欢听老师讲绘本故事，听到高潮处兴奋得手舞足蹈……他身上独有的那份纯真好像从未离去。

正如狄德罗所言，精神的浩瀚，想象的活跃，心灵的勤奋，就是天才。从小毅身上，我真切地体会到，不论是在班级中，还是在学校的学习群体中，每一个孩子都是很有价值的成员，每一个孩子都是独一无二的天使，我们为人师者，要更注重他们的成长过程。剩下的呢？那就交给时间吧。

他们的眼里有星光

爱笑的女孩运气不会差

小栩是个怎样的孩子呢？一想起她，我的脑海中就浮现出她的笑脸。白嫩的脸庞，扬起的笑容，标准的八颗牙，真是可爱。严格来说，她不算一个所谓的"好学生"，上课容易开小差，写字速度很慢，作业经常拖欠，考试成绩总是不理想，是班级里比较典型的"短板"学生。可是作为班主任，我从不以成绩作为衡量一个孩子的唯一标准。每一个孩子都是独特的，他们就像"七色光"一样，只有不同的颜色组合在一起，才能成为最好看的图案。就像我一闭眼就能想象出来她的笑脸，不管在什么时候，笑容永远是她最美的标签。

"小栩，文印室里有刚印好的练习纸，你去拿一下我们班的。"我把这个简单的拿作业纸的任务交给小栩，还在绞尽脑汁与作业较劲的她立马来了精神，笑着点点头，开心地往文印室跑去。

等她没一会儿工夫就抱着练习纸回来，我朝她点点头："做得不错，动作很快啊！"她不好意思地笑起来，然后坐回位置，又继续与作业"斗智斗勇"。可我看得出来，这一回，她明显比之前认真了不少。

后来，我就经常给小栩分派这样的小任务，早读后帮我一起把作业捧回办公室，路上顺便和她聊几句；课间餐时帮同学分发面包和牛奶，手脚很麻利。再后来，我发现，只要我说过的话，她总会记得很牢。每天给植物角的花草浇水，好像比管理员做得还到位；这个月书吧轮到我们整理了，一天两次都能看到她在书吧忙碌的身影……每一次，我都会郑重其事地在班级里表扬小栩，她也还是一样，挠挠头，露出笑容，脸上还泛起红晕。然后，继续做得更好。

听到老师的表扬比吃了蜜还甜？在小栩身上，我有了深刻的体会。人类本质中最殷切的需求是渴望被肯定，比起简单的一句"你真棒"，像这样具体而真实的劳动后得到的肯定，才更有成就感吧！

至于小栩的学习呢？也许在未来的某天，她也能感受到其中的快乐与成就吧。

爱笑的男孩运气也不会差

都说爱笑的女孩运气不会太差，我觉得这句话放在男孩小蔡身上也同样成立。翻开这几年来我拍的关于他的照片，每一张都是笑脸，同样白净的脸庞，同样灿烂的笑容，两颗兔牙最为瞩目。

小蔡在班里有着极好的人缘，不管男生女生，都愿意和他玩，也都乐意带上他一起玩。我有点儿纳闷，一般来说，班级里成绩比较好的孩子或是某方面才能特别突出的孩子，似乎影响力更大。可小蔡并不属于这两种孩子，可他是怎么做到的呢？

我偷偷观察了一阵：

班里实行单人单桌，同学们上下讲台有时会碰到别人的座位，要是遇到正在专心写作业的，肯定会讨到几声没好气的"你干什么啊"，可是小蔡

第一章 听心底花开的声音

不同，若是其他人碰到他的座位，桌面上的纸本学具洒落一地，他也毫不生气，一边笑着说"没事没事"，一边很快地捡起，又继续认真地做作业。

语文课上进行《巨人的花园》课本剧展演，有的组分工有序，准备充分，表演得很精彩，可有的组不那么给力，演员台词还没有背熟，效果并不好。环顾一圈观众，小蔡看得最投入，不管是精彩的还是一般的节目，他都报以热烈的掌声和代表祝贺的笑容。

还有别人向他借学具时，轮到他值日打扫时……我渐渐明白，是小蔡稳定、温和的性格和他标志性的真诚的笑容，打动了同学们。所以，当小蔡在运动会上进行400米比赛时，我们班所有同学都挤到跑道边，拼尽全力为小蔡呐喊助威。

从小蔡身上，我学习到：唯有真诚，最得人心。

听天使在唱歌

听说，小檬转学了，去了一个遥远的学校，住校学习。

听说，那个学校有高耸入云的参天大树，可以学习怎样爬树。

听说，小檬在那里生活得很快乐，学到了很多新本领。

……

天使，换了她驰骋的疆域，找到了她的力量可以抵达的范围和深度，又重新开始放声歌唱。

是的，我愿意在心底称呼小檬为"天使"，因为她是那样纯真、无瑕，拥有着生活中最简单的快乐，又期待着生命中最美好的明天。可是晶莹剔透、美丽如钻石，如水晶，须下功夫精雕细琢，又显露出一种易碎感，不可用力紧握。

小檬对周遭的一切都充满了好奇与向往，除了学习。也许在课堂上的她并不受老师欢迎，我指的是传统意义上的"家常课"。这样循规蹈矩的授课模式很难抓住小檬的心，她会在你转身时、板书时、批改时见缝插针地研究手中的铅笔、书中的插图、新买的笔记本，还有窗外摇曳的树叶、鸟儿的啼叫和操场上忽远忽近的欢呼与呐喊。若你能精心备课，开展了一系列丰富有趣的课堂活动，或是由课堂延伸至课外，眉飞色舞地讲起补充故事，小檬一定会把铅笔、橡皮、树叶、花朵抛到脑后，睁大眼睛，炯炯有神地看着你，充满笑意。是的，小檬喜欢一切简单又有趣的活动。

令所有老师最头疼的也许就是小檬的作业了，因为她本能地抗拒过于复杂的思考，还有费劲吃力地动笔，以及单一冗长的机械式作业时间。小檬妈妈经常与我沟通，她说，小檬患有焦虑症，并非不想学习，只是一到写作业的时候，内心都会充满不安与焦虑。我相信小檬妈妈的话，所以，我和其他老师都努力地给她布置再少一点、再简单一点的作业，尽力呵护她在这个年纪保有的那份纯真。

你能在学校和班级组织的任何一次活动中看到她活跃的身影：童味体育节，她可以凝神静气地端坐在书桌前好长时间，只为画好她设计的节日会徽；"兔子乐园"管理员竞聘，她第一个报名，还自主学习了好多养殖知识，管理工作做得有板有眼；每一次教师节，我收到的贺卡里一定有她亲手做的一份，外表并不起眼，可是里面用并不怎么端正的笔迹写下的文字，总让我记忆犹新。

她说：

查老师，我喜欢你的语文课，喜欢你在课堂上讲的每一个故事，我希望你以后还讲给我听。

她说：

查老师，前几天你的国旗下讲话，我真想用电话手表拍下来，回家给妈妈也看看，我想告诉妈妈，我的老师多么厉害！

……

我就是这样一点一点被小檬的简单、纯真打动，每当看到她，我总会觉得，时间仿佛都慢了下来，树叶轻柔摇曳，鸟儿悄声啼鸣，好像都生怕打扰了小檬内心的惬意与悠然。

从小檬身上感受到莫大的惊喜是什么时候呢？学校开展周三小舞台，她勇敢地报名参加，早上入校时间，她在校门口的小舞台上，拿着话筒放声歌唱。悠扬甜美的歌声和她镇定自若的微笑与动作是那么和谐，吸引了一波又一波驻足欣赏的孩子。六一晚会盛典，她和班里的另一名男孩一起表演戏剧节目，我看着她身着戏服，眼睛放光，自信大方地唱着婉转多变的音律，在一千多名学生和近百名老师面前，她毫无惧色。不知怎么的，我的内心竟生出汩汩暖流来，好像一团团棉花轻柔而又温暖地包裹着我的心灵，又如同一片片樱花瓣漫天而下，带来春天的气息。我感到，在我眼前的，是一个叫小檬的天使，展开洁白的双翅，把世界上最动人的旋律，唱给我听。

虽然因为种种原因，小檬去了别的学校，但每当我想起她，想起她在舞台上歌唱的那个傍晚，我知道，在那一刻，我只要静静欣赏，听心底花开的声音。

不完美小孩

小千皮肤黝黑，但浓眉大眼，长得很端正。从见到他的第一眼，我就印象深刻。

一年级的课程并不难，但从学拼音开始，我能感觉到，小千学得有点吃力。家长说，也许这跟他并未上过幼小衔接班有关，但我认为这之间的关系并不大，每个孩子都有自己的花期，只是有的早一些，有的晚一些。小千就像一朵还未探出头的小花苞，还要经过更多雨水的浸润和阳光的沐浴，才能慢慢长大、开花。我对他有信心，也重视对他信心的培养。每一次新课程的学习、作业的讲解，我对他都格外重视，课上尽可能多地叫他回答问题，也尽可能详细地给他讲解错题。

进入二年级后，有的孩子无法按时在校内完成作业，小千就是其中一个。看着他再次剩下的几张练习，我面露难色，我知晓并严格执行"双减"的作业要求，但是有的孩子即使给他减了作业量，还是没办法在校内都完成。放学前，我把小千叫到身边，像往常一样对他说："小千，明天来学校再做吧，回家不要做了哦！"小千用力地点点头。我这样交代是有原因的，以前我会说"回家有时间就补一补，没时间就不要做了"，可第二天，小千交给我的一定是写得满满当当的作业，在学校没完成的，他回家全部都补写完。

可即使我再三向孩子强调"回家不要做"，第二天交过来的一定是全部完成的作业。我留意到，每当第二天一早，小千走进教室，放下书包，把前一天的作业练习一股脑儿地放到我面前时，他的脸上都会流露出得意与满足的神情，这是肩上放下担子的轻松感，是再次和同学们站在同一条线上的愉悦，也是再一次超越自己后获得的充实感。曾经一段时间，我很为小千的努力、上进而感动，可在一次与家长的交流后，我猛然醒悟，小千这种执意要把作业完成的举动，其实是我这个老师潜意识里不允许掉队、不承认"不完美"的一个错误。

在一次日常家校联系中，小千妈妈告诉我："小千在家学习得也很慢，别人花10分钟就能读完的拼音，他要花上一个小时。您跟他说回家不要补校内作业，可是小千很倔，他很在意您对他的看法，所以要求自己一定要把作业都补完才能睡觉，每天总是要耗上几个小时坐在书桌前，我们做家长的看了也很心疼……"

听到这儿，我后背冷汗直下，家长的话语里既有对孩子的心疼，又何尝没有对我这个总假借"关爱孩子学习"之名实际却拔高要求、影响孩子成长的所谓好老师的埋怨呢？

承认不完美，允许不一样，真的很难吗？不是所有的孩子笑容都像阳光一样灿烂，也不是所有孩子都能飞得很高很远。小千也许是不想让我失望，所以才选择每晚花大量的时间与作业"斗智斗勇"。我除了为他鼓掌，肯定他的毅力，是不是也该心疼他尚未丰满的翅膀，为他撑起沿途休息的地方？到这一刻我也终于明白，不是到放学时间了，让孩子回家不要补作业就是关爱。站在孩子一边，为他量身打造合适的作业量与内容，以及看到他每一天的成功与收获，也许才是孩子真正想要的吧。

我的孩子们不用必须像个完美的小孩，满足所有人的期待。他可以有不完美的梦、不完美的泪、不完美的勇气和不完美的故事，而我希望自己能够成为一道微光，照亮孩子，向阳成长，让每一个孩子都如星辰般熠熠生辉，斑斓成浩瀚的星河。

老师，他撕我的书

电影《夕照街》中有这样一段话："西屋里住着的倒是两位主任，只是他们是社会上权力最小的主任。"这里所指的主任也就是我们这些平凡的班主任。从职务权限上看，权力微乎其微，但从责任上看，却比其他主任大得多。因为我们所掌握的不是物质金钱，而是一个个活生生的人，是几十个鲜活的生命，以及他们的未来和命运。就这一点来说，班主任的作用就尤为突出了。

在当低段年级的班主任时，每天面临最多的就是小朋友们的告状："老师，刚才他打了我一下""老师，他故意踢我的凳子""老师，他偷看我的作业"……像这样大大小小的矛盾纠纷，巅峰时每天要处理好几起。虽然我也一度觉得头疼麻烦，可是他们既然把"官司"打了过来，说明内心里还是信任老师，希望老师能听到他们的声音，帮助他们解决问题，我又怎能坐视不理呢？

今天中午的午间小课，其他同学都在安静地写着作业，只听教室后方传来一阵窸窸窣窣的声响，听起来像是有人在小声地争论。我抬头环视一圈，问道："谁在下面讲话？"这时，一个女孩子气呼呼地站起来，指着旁边的男生大声说道："查老师，他把我的书撕破了，我让他赔，他不肯！"还没等我说话，旁边的男生马上就不服气地接过话："是她先把我的球抢走了，她不肯还我，我不小心才撕破了她的书！"此刻，教室里的安静已经被打破，我若是随意敷衍两句，他俩在剩下的时间里定会继续在这个事上纠缠不清，其他同学也会受到影响。于是，我让他俩到教室门外，准备好好"判一判"今天这场"官司"。

第一步是倾听，了解事发的缘由及经过。听起来简单，但若是做不好，容易"一招不慎，满盘皆输"。倾听时，我会弯下腰，保持面容的平静，耐心地让每个孩子把他的想法说完。他们在讲述时很可能会存在偏差或避重就轻，但不要急着打断或纠正，因为在成人看来是鸡毛蒜皮的小事，在小学生的心目中却是大事。在学生倾吐时，我们若能认真聆听，学生会觉得自己得到了老师的尊重，他们对老师的信赖也会不由地加深。

第二步是梳理，用客观的语言还原事情的经过。在耐心听完两个孩子的讲述后，我基本清楚了事情的来龙去脉：小课前，男生在玩球，女生在看书，男生的球不小心打到了女生，女生觉得男生打扰了自己，就把对方的球收了起来。男生要把球抢回来，拉扯的过程中撕破了女生的书。在孩子面前重新梳理事件经过时，我没有偏袒任何一方，始终用一种比较客观、中立的态度和语气讲述，做到如此，再小心眼的孩子也会气焰消去大半。

第三步是"断案"，找到每个孩子该承担的责任，快速决断。学生发生矛盾，除去极个别特例以外，双方一定都有责任，这也是学生最希望得到的他们眼中的"公平"。我们要做的就是给予他们公平，指出每个孩子的错误和相应的责任。在这个事件中，我首先看着男孩说："人家好好坐着看书，你玩这个球本身就有危险，虽然是不小心，但也打到了她的头，对吧？"男生点点头，此刻已经平静下来。我又转向女孩："他毕竟是不小心的，你也不能把他的东西直接藏起来不还，对不对？"女生听了也点点头。"但你到底用了'武力'，把人家的书撕坏了，我们是不是应该承担点责任呢？"男生点点头，转向女生，郑重地道了歉。我把目光又投向女生，看到她很快也向男生道了歉。互相道歉并不是最终的目的，我们要做的就是引导他们说出自己的错处和对方的错处，谁的责任谁承担。

第四步是解决，提出合理的建议供参考。我提供给两个孩子几个建议，让他们自己商量选择。一是男生重新买一本同样的书给女生，二是男生挑一本差不多价位的自己喜欢的书送给女生，这本撕破的书呢，就留给男生。当我提出建议后，我看到他俩兴奋地在一旁讨论，很快就和好如初。而整个处理过程总共不超过 5 分钟。

最后一步是感召，利用师生对话、主题班会等日常教育，把友善同学、正确处理同学间矛盾的方法，以润物细无声的方法教给孩子们。

苏霍姆林斯基说："真正的教育是自我教育。"其实，学生自主管理就是由他律到自律的一个过程，而我们班主任要做的，就是平等对待每位学生，尊重学生人格，不敷衍了事，也不讽刺挖苦，而是耐心倾听，谈心时动之以情，晓之以理，相信孩子们会逐步管理好自己，明辨是非，严于律己。

送你一朵小红花

他们教会我的事

2013 年的 9 月，我正式成为一名小学教师。第一次当语文老师，第一次做班主任，第一次带来自天南地北的 49 个孩子，压力可想而知。那时候的我们，大部分都是刚毕业的大学生，没有什么经验，但身上都铆着一股劲儿，就想把班带好，成为一个学生喜欢、家长满意的好教师。目标是好的，但"新人上路"有时候容易用力过猛，偏了方向。

小宇，我们班的"鬼点子"大王，在同学间颇有"威望"，下课玩什么游戏、最近流行什么，只要他"振臂高呼"，总能一呼百应。对老师，他也是该有的礼貌言行一个不少："老师早呀！""老师，我帮您去倒水。""老师，上课累了吧？快坐下休息休息。"……刚开学不久，每个老师都毫无意外地拜倒在他的嘴甜攻势下。可没过多久，小宇就成了最令我头疼的对象。

"查老师，你看看你们班的小宇，昨天的作业又没完成！"

"查老师，你们班的课我可是上不下去了，我讲一句，小宇在下面能回十句！"

"查老师，小宇的座位太乱了，我们班又被扣分了！"

"查老师，小宇和同学打起来啦，您快去看看吧！"

……

你看，这就是我的带班日常，搭班老师和班里孩子们找我的次数，十次里有七八次都跟小宇有关。一开始，我总觉得，对待各种个性的孩子，一定要更包容、更有耐心，可渐渐地，我对他越来越没了笑脸和好脾气，他对我发动再多的"糖衣"攻势，我都觉得，这个孩子真让我头疼，要是不在我的班里就好了。

很快，我和小宇之间发生的一场"冲突"让我意识到，过去的我对待他的方式显得多么简单粗暴。

一个平常的上午，在连续上了三节语文课之后，我的体力彻底耗尽，刚坐进办公室喝口水，班里的孩子们就乌泱乌泱地挤进门来，七嘴八舌地大喊："查老师，不好啦！小宇又和别人打起来啦！您快去看看吧！"听到这话，我的脑袋嗡嗡地发疼，眼前闪过一幕幕以往和小宇"过招"的片段，胸口的怒火越烧越旺，奔向教室的脚步也越来越快。

"小宇！"我站在教室后门大吼一声，教室中间正扭打在一起的身影霎时顿住。小宇拽着对方的衣领，另一个男孩明显不是人高马大的小宇的对手，抓着小宇的手，泪眼汪汪。小宇看我来了，只停了片刻，又给对方胸口一拳，男孩顿时号啕大哭起来。一瞬间，我胸口的怒火直冲脑门，拿起旁边桌上的书，就往小宇身上飞去。

说实话，在我把书扔出去的那一刻，我就后悔了，脑海中飞速闪过无数老师对学生言行不当而被投诉、被辞退的新闻。但那本书不偏不倚，正中小宇的脸庞，锋利的纸张立马在小宇的眼角划出一道浅浅的血痕。看着小宇的样子，我的脑袋一片空白，铃声响起，也不记得最后是如何把小宇脸上的伤处理好，把他和同学们带到食堂用餐，只记得自己的内心一直很慌乱，知道自己闯了大祸，却不知道如何处理这天大的问题。

隐约记得，我应是弄明白了两个孩子打架的原因，孩子之间的矛盾，来得快，去得也快。但我和小宇陷入了一个沉默的"僵局"，他静静地吃饭，时不时地小心瞥眼看看我，而我只是皱着眉，不停地来回踱步。

这时，我的搭班数学老师，也是学校的副校长傅校看出了端倪。他走到小宇的身边，看看他脸上的伤痕，轻声问了他几句。我站得不近，听不清他们的对话，但我很清楚，一定是在问小宇脸上的伤口是怎么来的。一瞬间，我内心的恐慌与愧疚不停地翻涌。

没一会儿，傅校走过来，温和的神情，柔和的语气，什么也没说，只叫我和他去操场走走，聊一聊。那一刻，我内心的各种复杂的情绪随着眼泪一下子夺眶而出，哭着边走边和校长讲述刚才发生的事情。傅校静静听完我说的，只说了一句："小宇说让我不要批评查老师，他说你连饭都没有吃，他知道你不是故意的。"

听到这句话，我的眼泪流得更凶了。在小宇的心里，我不小心碰伤他，他还在意我有没有吃饭，而一直以来，我却把他当成一个十恶不赦的"坏蛋"，总是批评、瞪眼、皱眉，没好气地对他。

傅校继续说："你还很年轻，你已经做得很好了，把班级带得各方面都很不错，换我年轻的时候，一定没有你做得好。你对小宇的关心、用心我都看在眼里，我想小宇一定也感受得到。但是，身为老师，什么事该做，什么事不该做，我们一定要把握好度。今天，我想送你一句话：发脾气是本能，不发脾气是本领。小宇毕竟只是个小孩子，你如果能多站在一年级小朋友的角度去和他沟通交流，我想你一定会有更多的启发和办法……"

是呀，这个学期的最开始，我给予过小宇温柔、耐心和包容，可当小宇出现一系列问题时，我没有去思考更多更好的教育方法，还把他定性为"问题学生"，总是用一种不耐烦的沟通方式对待他。反观小宇呢？他在意我的感受，始终把我当作他内心喜爱的好老师，我自愧不如。

夏丏尊先生说："教育上的水是什么？就是情，就是爱，教育没有了情爱，就成了无水的池，任你四方形也罢，圆形也罢，总逃不了一个空虚。"任何教育都伴随着感情，真诚是打动人的最有力的情感力量。小宇的纯真和傅校对我的指点带给我无限的触动和思考，我第一次真正在心里停下脚步，回望走过的路。

我发现，以前的我只顾着带班，埋头赶路，路上遇到一块块有碍班级管理的"绊脚石"了，我就想方设法地清理掉，有时候方式也比较简单粗暴，却从未思考过，自己究竟要走到哪里去。我想成为一个学生喜欢、家长满意的好教师，我真的做到了吗？

我该庆幸，书没有砸到小宇的眼睛，他的伤也不严重，在和小宇的父母坦诚相告、真诚道歉后，小宇妈妈也表示了接受，还安慰我不要太内疚。犹记得，那天，小宇妈妈通过电话和 QQ 聊天的方式不断地安慰我："查老师，当时吓坏了吧？没事的，你不要放在心上。""查老师，都是我们孩子太调皮，让你费心了！""查老师，孩子说你午饭都没吃，嗓子也哑了，要注意身体啊！"……

看到这些话，一股暖流从心底涌出，眼睛也忍不住湿润了。我是何其幸运呀，有这样包容、善解人意的家长。从小宇父母到小宇，这一家子善良、有礼的处事方式，让我深深地反思自己。对这次的事件中我欠妥当的处理方式，我会永远内疚，可我也会永远感恩，在我刚成为老师不久之时，这一次"意外事故"让我幡然醒悟，能够把它当作教训，永远鞭策自己该如何前行。

故事的最后，就像傅校带着我在操场散步一样，我又带着小宇来到了操场。我把自己放在和他平视的角度，低头查看他眼角已经结痂的伤疤，听小宇讲着他喜欢做的事，他每天最快乐的时候，他觉得自己还存在的问题，他未来想做的每一件事……

"查老师，您是不是很喜欢我呀？"

"是呀，你怎么知道呢？"

"我从你的眼睛里看到了呀！"

顶撞背后的故事

班里一个我向来重视、喜欢的优秀学生——轩，跟我顶嘴了。

中午午间活动前夕，几个男生在操场打球还没回来，左等右等，他们终于踩着铃声点回来，班级里其他同学都已进入写作业状态。我把他们拦在了教室外面，问他们干吗去了，为什么这么晚才回来。轩面无表情地回答："我们去书法老师那儿要零食吃了。"他的这个状态让我联想到，一连好多天午餐时间，他都是匆忙扒两口饭菜就出食堂了，于是我问："为什么不吃饭？"

"食堂饭菜不好吃。"他不假思索道。

我看了看他，又继续问："那每天不吃饭就为了吃零食吗？"

"没有，我就是不想吃饭，我自己带了面包。"轩回答得更快了。

"可你正在长身体，饭菜再不好吃，为了营养还是要吃几口啊！"

"我就是不想吃。"他没好气地回答。

……

谈话陷入了僵局，这一番对话，我能感受到他的脾气越来越大，我说一句他大有顶十句之势。这个孩子之前可从来没有这样对我说过话，他是班里的模范生，向来尊敬老师，对老师的话从不敢怠慢。一瞬间，我的情绪也上来了，觉得有点委屈，就没再和他多说，让他先去办公室冷静会儿，想着过会儿再和他聊。

等我回到办公室，我把轩拉到一边，问他："从刚才到现在，你的心里想些什么，能告诉我吗？"他直视着我，依旧面无表情："食堂饭菜不好吃。"我不甘心："没有别的了吗？""没有了。"他平静中又带着一丝不服气，就这么静静地看着我。那眼神好像在说："我就这一句话，你能拿我怎么办！"

这让我想到《学生个案诊疗手册》里提到，当一贯优秀的学生突然跟老师顶嘴，其中必有蹊跷。而从多数案例处理结果来看，多半都是学生觉得老师因为某件事冤枉了他，或者在什么方面他觉得老师做得不公平，心生埋怨。看来，一定是我哪里做得不好，或者说有什么事"得罪"了他，他才这样对我。我得好好找找原因才行。我走到办公室门外，打通孩子妈妈的电话，想了解些我不知道的、很可能忽略的信息。

和他妈妈交流之后我才知道，这学期开学以来，我经常看到他在课上和同学讲话，就点了他几次名，让他不要再说话了。就是这么一个我所忽视的细节，给他造成了不小的心理伤害。他觉得我只点他的名字，不叫别人的名字，这不公平，我对他有意见。有时候他觉得自己并没有在讲话，想解释，但我又回答他"这些都是借口"，或是事后我了解到误会了他，我给他的回答又是"当时怎么不说"。这样不分青红皂白的处理方式孩子无法接受，于是他选择用其他方式"抗议"，而我竟丝毫没有察觉。

听完这些，我的内心很震惊，我没想到，在这么一个"上课说话"的事情上，我的处理方式竟然这么简单粗暴，更没想到，这一点一滴，在他心中埋下了这么多怨气，直到今天彻底爆发。顿时，我觉得必须好好跟他沟通，赶紧解开这个误会，而且是用一种柔和的、完整的、轩能彻底接受的方式。

我把他叫到一个空教室，坐在他对面："你今天这样的反应，是不是觉得我哪里做得不好啊？"他犹豫了会儿，不说话。

于是我改变了策略："那你回忆下以前，有没有觉得老师哪里做得不太好的地方？"他这才敞开心扉："上课经常点我名。"我紧接着问："是不是觉得老师只点你的名，没点别人，觉得我有点不公平？"他点头。"你是觉得老师对你有意见？"他又点头。看来问题是出在这儿了。

"你一向是让我骄傲的好孩子，我向来是喜欢你、重视你的，你几次说话，我第一眼就看到你，说明老师的眼中你很重要啊！"他笑了起来。

我趁势而追："当然，老师这个做法的确不妥，没有顾及你的心情，会让你觉得不公平，那我向你道歉，今后肯定改。"轩更是挠挠头，不好意思地笑了起来。

接下来，我们又好好谈了谈关于解释理由以及今天的事，做得不妥的我都承认，他误会的地方我都好好解释，让他明白我对他没有偏见、没有恶意。而他也表态会努力改正自己身上存在的问题。

当我们把误会彻底解开，我能明显地感受到，轩身上的那股不服气消失了，脸上又恢复了一贯的笑容。我让他回了班级，自己却坐着静静地沉思。孩子们的内心特别简单，觉得老师是喜欢他的，会毫无保留地和你相处；要是觉得老师对他有偏见，那可能就会用各种异样的表现表示不满了。作为老师，我们要及时发现学生的异常，关注细节，不做高高在上的老师，也给孩子能够表达心声的出口。

后记：

这个故事带给我极大的触动与思考，我没想到在轩的心里也留下了一段深刻而又难忘的回忆。毕业前夕，他在留给我的信中写道：

那一段时间，我屡受查老师的批评，于是便对她心存芥蒂，甚至私下与几个和我有同样想法的同学谈论起她。有一次，我与查老师发生了言语上的冲突，心里很不痛快，可查老师之后还是主动找我谈话。当时我的想法是：老师肯定要数落我一番，于是便抱着与查老师大吵一架的想法去了她办公室。可没想到，查老师在看到我后却面带微笑地把我叫到了隔壁的空教室谈话。于是我也放松了下来。查老师和我聊了很多，语气很温和，竟然还跟我道了歉，彻底打开了我的心结。那一天，我比之前任何一天都要开心，我想查老师也是一样！

是金子总会发光的

每年的四五月份，是杭州外国语学校考试选拔的时间。因为有名额限制，我们六年级须经过层层选拔，筛选出 5 个学生去参加杭外考试。幸运的是，我们班拿到了 3 个名额。轩和坤本来就在年级里名列前茅，他俩数学思维特别活跃，英语也是数一数二，我对他们一直都很有信心。小涵是个女孩子，成绩靠前，但有时不太稳定，最重要的是她的内心比较细腻敏感，虽然我对她也很放心，但比起结果，我更看重他们的心态，所以趁着放学前，我把他们三个叫到我办公室。

"明天就去现场了，这次的考试跟你们之前经历的都不一样，竞争压力不小，你们不要太紧张啊！重在感受。"我看着他们三个，努力地给他们传递一种轻松的氛围。

轩自信满满，最先开口："查老师你放心，我对自己还是比较有信心的，真没考上我也不难过。"

"谢谢查老师的鼓励，我会努力的。"坤平时就比较内敛，不太爱说话，但我知道，他一直是个目标明确、努力践行的孩子。

唯独小涵，在两个相对放松的男孩子中间，显得有点紧张局促。她微微皱眉，嘴唇紧抿，听完我的话只是用力地点点头。于是，我让两个男生先回班，走到小涵面前，拍拍她的肩膀："你已经很优秀啦，全年级二百多人里就 5 个名额能去考试，你是唯一的女孩子呢！你要用心去考，不管结果如何，你都是我们的骄傲。"

听完我的话，小涵终于露出笑容，身体明显放松了一些。

几天过后，杭外很快就公布了考进学生的名单，轩和坤不负众望，我们学校只有他们两个考上了，我很高兴，学校领导也很高兴。但小涵成了我们班唯一落选的学生，想到她知道结果后会如何难过，我的喜悦一下子消散了大半。我想，得先和她聊一聊。

我把小涵叫到我的办公室，先直接告诉了她考试结果。小涵嘴上笑着，想表现出一副不在意的样子，可是眼睛里却瞬间水汽氤氲，噙满眼泪。

"小涵，你听过'是金子总会发光的'这句话吗？这是查老师读高一时我的数学老师送给我的话。"我觉得这一刻，我面前站着的不是小涵，十三年前那个刚读高一时的我的身影，朦胧间重叠到了小涵的身上。

"查老师从小学起数学就不太好，有时可以说是很不好。进入高一后，我遇到了当时教我们数学的老师。他的年纪有点大，平时上课比较严肃，有时会很严厉地批评大家。"小涵笑了起来，大概在想象这个严肃的形象。

"那次期中考，我只考了 48 分，那是我学生生涯里考过的最糟糕的一次。数学老师让我们订正好试卷后排队给他面批。当时我的内心特别害怕，我很怕轮到我时，数学老师会对我破口大骂。"小涵静静地听着。

"可终于轮到我时，数学老师看看试卷，又抬头看了看我，只是很平静地一边批改，一边说些鼓励我的话，其他的内容我已经想不起来了，但是我永远记得那句'是金子总会发光的'。"讲到这儿，我的眼里好像也开始雾气升腾，胸腔涌过一股神圣而宏大的情感。

是的，我不记得这位数学老师的姓名了，但是那节订正批改试卷的数学课，那支漫长等待面批的队伍，还有轮到我时数学老师棕褐色镜片下看我的温和眼神、鼓励我时轻柔的话语，我一直记到现在。我清晰地记得，他对我说："是金子总会发光的。"

就是这么平常的一句话，在之后的学习中给了我莫大的鼓励和前行的信心。到了高二后，我渐渐地不再畏惧数学，成绩也逐步上升。

"现在，我同样把这句话送给你。"我从这段温暖动人的回忆中出来，看着小涵，轻柔地说，"是金子总会发光的，这次失利并不代表什么，它只是你人生旅途中一次很小很小的波折，重要的是你不被打倒。我相信，未来的你会有无限的可能，会有你憧憬的美好未来!"小涵坚定地点点头，眼睛里充满了亮光。

我希望，若干年后，当小涵回忆起这段经历，也能从中获得温暖的力量。我想，这就是作为老师最大的成功吧。

坐在舞台边鼓掌

这两天学拼音，发现孩子们四声声调认读做得不太好，于是今天中午，我专门利用一点时间给孩子们进行练习巩固。为了让他们能全身心投入，我还在前一天精心设计了各种过关小游戏，以求吸引孩子们的兴趣。

在回顾所学、小老师带读之后，下一轮是开小火车过关检测，我随意指着屏幕上的音节，轮到的小朋友就带上手势把它读出来。

"开小火车"是孩子们最喜欢的一种发言形式，当他们一个个快速读正确读音，我认证"过关"后，他们的脸上瞬间露出欣喜的表情，这是得到肯定后的自豪与喜悦，也让我觉得特别欣慰。

接下来检测的是整体认读音节"yi wu yu"的带调认读，刚开始一组组都进行得特别顺利，但轮到小晨时，这节车厢就前进得没有那么顺畅了。小晨平时一直很内向，在课堂上学习新事物时也不如其他同学迅速，可能别人5分钟就可以掌握的知识，她需要在课后花更多的时间去巩固，我能感觉到她对自己的学习总是不太有信心。为此，在平常的教学中我就经常鼓励她和做单独指导，只要她掌握了一个读音，我一定会对她给予表扬。

当小晨前面的同学一个个过关时，我看到她的表情越来越凝重，看得出她很紧张，我的内心也捏了把汗，不知道这样开小火车的方式对她来说合不合适。轮到小晨时，我的手指向一个并不太难的读音，她思考了很久，还是没有开口说话。周围的同学们也不着急，都静静地等着她发出声音。我知道，此时她的内心一定是非常煎熬的，也许知道正确读法，但因为不确定是否能读对而不敢发出声音，又或者真的不知道该怎么读，迫切想要逃离这个尴尬的环境。我看了看她的眼睛，直觉上猜测她属于第一种情况，于是我对同学们说："小晨也许有点紧张，大家也别都看着她，还是给她点掌声作为鼓励吧!"于是，孩子们一齐鼓起掌来，嘴里不停地喊着"加油，加油!""你一定可以读对!"……

我又看了看小晨，能明显感觉到她的神色稍稍放松了一些，片刻，她张开嘴巴，轻轻地发出她的读音。"过关!"我立即回以通过的认证，她整个人都放松了下来，嘴角也不自觉地上扬。孩子们似乎比她更高兴，纷纷自发地鼓掌喊着"耶"。这一刻，我真的为这些纯真、美好的孩子们而感动。他们给同学的加油是发自内心的，他们在别人成功后得到的喜悦也是丰盈整个心灵的，我真为拥有这样简单、纯真、美好的孩子们而感到欣慰，也为像小晨这样勇敢跨越心中的丘壑、努力摘取树上鲜红的果实的孩子而感到骄傲。

我们做老师、做班主任的，都说是学生成长道路上的引路人，是他们的人生导师。这句话的分量太重了，我们平时对他们如何引导、希望他们成为怎样的人，我们的一举一动，付出的一点一滴，都对他们以后的成长和发展起着至关重要的作用。我真切地希望，当他们在以后的学习生活中，如果遇到身边的同学们回答不出问题，他们能继续做个不嘲笑、不随意点评的人，在一旁真心给予他人加油鼓励；也希望当他们自己遇到困难时，能勇敢面对挑战，努力超越自己。

时至今日，我仍会时常回想起他们一张张真诚呐喊的脸庞，以及回荡在教室里的"加油! 加油!"，在那一刻，我觉得他们不只是学会了拼音，更重要的是一种深厚的感情已经在他们心中生根发芽，这是互帮互助、团结友爱同学的情感，是 49 化为 1 的集体荣誉感。我身上的担子很重啊，我要做的还有很多很多……

孩子的事，孩子自己负责

早上照例进行早读检查，从四楼快走到一楼的时候，发现消防墙背后与楼梯之间站着一个小男孩，看上去才一二年级，背着书包，缩在转角处，一动不动。看到我走下来，更是下意识地转过身去，故意避免目光与我接触。这样的举动越发引起我的好奇，难道是哪个老师让他站在这里的？

我走到小男孩边上，让他转过来，看着我。我问他，你怎么站在这里，还不进教室早读呀？他看了看我，不说话。我又问他："是不是因为迟到了，老师不让你进教室？"因为时间已经8点出头了，我想可能有的老师会有这样的要求。他还是不理我，一言不发。"那你自己说说看，为什么站在这里不去早读呢？"我还是耐心地问他，想要了解原因。他还是低着头不说话。

我看看旁边离他最近的教室，用手指着教室继续问："你是不是这个班的？你告诉我到底什么原因，我才能帮助你解决问题，不然我只好让你的班主任老师过来了。"看得出来，他挣扎了好久，又过了好一会儿，才终于开了口："爸爸昨天没有看老师发的短信，让我把美术工具箱给拿过来了。"原来是因为这个事情发脾气呢。

我笑着说："既然都已经带来了就算了，放学的时候让老爸带回去不就好了！"我看了他一眼，发现他手上并没有拿着美术工具箱。

"我把工具箱放保安室了，让老爸来带走。"小男孩带着点怨气说道。

我笑了："是不是因为老爸没有看短消息，你要惩罚他，让他来回跑一趟？"

他看看我，还是不说话。

我想了想，又问他："那美术老师有没有把不要带工具箱的事情告诉你们呢？还是就只发了短信？"

"老师昨天没有告诉我们，只告诉了爸爸。"看来问题出在这儿呢，我心里有了答案。"你先进教室去吧，工具箱让爸爸放学时到保安室拿就可以了。"我拍拍他的肩膀，他在我的劝说和助推下，极不情愿地走进了教室。

回办公室的路上，我一直回想着这个小男孩低头缩在墙角的身影。老师的一个未跟孩子说明要求的短信，家长的一个未及时查看老师任务信息的举动，使得一个二年级的孩子在进班前在楼梯一角，在心里跟自己、跟爸爸、跟老师生闷气。我想，我们的作业和学习任务到底是布置给谁的呢？

我们常说，学校不仅是让孩子学习知识的地方，更应该是培养学生精神气质的地方，是培养孩子独立自主、自己的事情自己负责的地方。随着孩子的成长、能力的提高，他们从依赖父母、老师逐渐走向独立，承担越来越多的责任，慢慢成长为一个懂得自我负责的人。但很多家长和老师也许都忽略了像今天这样的细节，老师给孩子的作业任务还是习惯性地通过班级群布置给家长，或是家长仍旧一手包办孩子的各类作业学具整理，结果闹出不少乌龙。如果推动孩子成长进步要牺牲亲子关系、家校关系，这是得不偿失的，也意味着这样的教育方式本质上就是有问题的。

前两天，在网上看到一则新闻：一个今年刚参加完高考的学生，得知自己考了 676 分的高分后，淡定地边吃早餐边看书。刚高考完还能坚持看书学习，这种踏实、自律的品质实在是难能可贵。生活中，有一类家长艳羡的"别人家的孩子"就是这样，他们几乎不需要老师和家长的敦促、提醒，懂得对自己的生活和学习负责，积极主动地做好自己该做的事。而另一类孩子，则需要老师和家长一直拉着、拽着往前走，催一催才动一动，效果往往还不是很好。区别正是在于孩子是否懂得自我负责。

我们老师总是跟学生讲："孩子，学习是你自己的责任，别人无法代替。"我觉得还要跟老师讲："老师，孩子的事情，让孩子自己负责吧。"只有我们的教育不越界，引导孩子在一次次的选择中，学会思考事情的轻重缓急、权衡利弊得失，提高决策能力，逐步调整自己的行为，他才能学会自我负责，逐渐成长为一个独立自主的人。

"爱"不是万能的

今日看到一则调查报告，结果很有意思，说的是对教师而言，爱是必需的，且非常重要，但"爱"不属于教师的专业能力。如果仔细观察，我们会发现，平行班里如果哪个班的班主任比较有"爱心""责任心"，换句话来说，哪个班级的班主任比较强势，这个班级的学生的表达能力、反应能力和发展潜能就会显得弱于其他班级。从调查来看，无数班主任缺少的不是爱，而是理智，是智慧，是科学的教育观念和方法。

看完结果，我只觉得后背发凉，赶紧"对号入座"，审视自己是否就是这样强势的班主任，班里的学生又是否显得较为被动、迟钝、不善于表达。回忆起来，似乎自己的确在某些方面做得过于有"爱心""责任心"了一些。教室里的卫生不够干净，我就在教室坐班，一到下课就提醒学生打扫地面；校运动会方阵训练，我把周六也纳入训练时间，号召学生来校加紧练习；为了让后进生获得进步，我时时刻刻关注着他，并与家长保持着非常密切的联系……你能说这些不是"师爱"的体现吗？牺牲自我，倾尽全力，只为班级的向上发展和学生的成长成才。但站在他人的角度尤其是学生的角度，看着自己的班主任无时无刻地坐在教室里耳提面命，牺牲周末休息和玩耍的时间去学校彩排，被自己的老师和父母重重包围、"监视"而喘不过气，这样的"爱"是否过于沉重和强势了些呢？

仔细想想，一直以来，像我这样曾做出此类行为的班主任，又何尝会少呢？班主任们一个个累得像牛一样，把自己逼入绝境，让自己无法喘息，在得不到满意的结果后又抱怨学生不懂事、家长不理解，以"爱"之名行"强势"之实，实乃错误之举。教育不是那么简单的事情，要改变一个班级、一个学生也没那么容易。在初任班主任一职时，我们都曾经雄心壮志地说"我要如何"或者"我能如何""我要把学生引领成什么样的人"等，但在这时，是否应该认真考虑一下"我的做法是否正确，我有没有更好的处理方式"？

心理学中有个"海格力斯效应"，这是一种弹簧式的反抗行为表现，放入学校教育可以这么理解：老师管教越严格，学生就越不服，大有一种"你跟我过不去，我也让你不痛快"的消极抵触心理。纵观我们的班级管理，越是管得多、要求多、要得多，又非常"负责任"的班主任，班级里往往越容易出问题。学生会在班主任看不到的时候尽情地发泄自我，不按要求与规矩行事；学生心理问题、家校矛盾也会达到一个高点。这将是一件非常可怕的事情。

功利的教育，往往带来的是焦虑的家长和空心的孩子，最终三败俱伤。"爱"不是万能的，班主任光有"爱"，无法带领学生走得更远。在"爱"的背后，我们还要有更多的智慧和科学的方法。

等待花开的季节里守望成长

与世界温暖相拥

我们好想你啊

　　小雯一周前请了病假，因为身体原因住进了医院。近一周来，我和小雯爸爸一直通过电话和短信交流，了解她的身体情况，适当安排一些学习任务。

　　这一周里，我发现，她养的植物每天都有人去浇水，家校联系手册的每日一记上总有孩子写下想对她说的话，还有小雯是劳动委员，班里的卫生情况却一直保持得不错……班里的孩子们虽然嘴上不说，但都默契地表现出了对小雯的想念。

　　在得知小雯身体有所恢复后，我决定带几个孩子代表班级去看看她。

　　"小涵，要不要跟我一起去看看小雯？"我把班长小涵叫到我的办公室，问问她的意见。

　　"好啊好啊！同学们都好想小雯，她好几天没来上学了，大家都很担心！"班长一听我的提议，立马神采飞扬，"我和瑄他们去说，他们肯定很高兴！"

　　于是，我在当天布置给孩子们一个特殊的"作业"：准备几张彩纸、信纸，明天我们一起给小雯做礼物。没想到第二天，孩子们带来了各种各样我没见过的纸张，不同颜色的，不同材质的，还有他们自带的各种花样的彩笔、小玩意儿，孩子们的热情超出了我的想象。

　　"查老师，我带来的是荧光纸，到了晚上会发光，小雯看到了会觉得就像星星一样！"

"查老师，我带了很多红纸，我会折爱心，我来教你！"

……

他们的种种表现让我不禁想到车尔尼雪夫斯基说的话："要把学生造就成一种什么人，自己就应当是什么人。"这句话其实就在强调"身教胜于言传"。我们在教育学生的过程中，不应该只停留在口头的说教当中，身体力行，以身作则，用自己的行动去摇动一朵朵云、一棵棵树苗，才能引导学生去学习和效仿。比起嘴巴上重复"我们要做个有爱心的人"，用实际行动表达的"无声的爱"更温暖动人。

我感受到了孩子们对小雯真切的想念，以及他们想用自己的方式表达对她的思念。于是，我和他们一起，在纸上写下想对小雯说的话，和他们一起折纸船、爱心、千纸鹤……

到了周末，我和副班主任汪老师带着五六个孩子，踏上了去医院方向的地铁。一路上，孩子们小心翼翼地护着背包里沉甸甸的信件和礼物，生怕弄丢。"我们身上的责任很大啊，任务艰巨，必须圆满完成任务！"脸庞还很稚嫩的轩神色郑重地说道。

是啊，孩子们一路上虽然也有说有笑，可越是临近和小雯见面，他们就越是小心翼翼起来。当进入病房终于看到小雯的那一刻，孩子们积攒了许久的想念便一下子倾巢而出。他们扑向病床，又适时地拉开一点距离，生怕碰到小雯。他们迫不及待地从背包里倒出同学们的礼物，雪白的床上立即堆满了琳琅满目的色彩。

身为班主任，一定是期待自己的班级氛围和谐、健康、温暖，那比学生学了多少知识、考了多少分数更有成就感。这一刻，我看着他们围着小雯叽叽喳喳个没完，看着小雯脸上止不住的笑意，手中小心翼翼地翻看大家给她的礼物和信件，真觉得这一刻就是世间最美好的时刻，他们的话语就是最动人的旋律……

第二天，小雯爸爸送来一封小雯写下的信，我在班里展示出来，念给孩子们听：

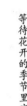

等待花开的季节里守望成长

住进医院一个礼拜了，我每天都在想你们。昨天老师和同学

28

来看我，还带了很多礼物，我很高兴，谢谢你们！

你们告诉我，我的植物已经发芽了，你们给我写的信我都认认真真地看了三四遍，你们送我的每一份礼物我都很喜欢。我最喜欢的就是同学们折的蝴蝶和爱心，好看极了！告别的时候，我恋恋不舍地看着你们走了，我好想快点好起来，和同学们一起上课，一起吃饭，一起玩耍。

我偷偷看了一眼孩子们的反应，每一张脸上都写满了期待。

一个都不能少

班里的学习委员瑄瑄，前几天被确诊水痘，须在家休养两周，待痊愈才能返校学习。两周无法来学校意味着什么？不仅仅是老师的新课无法跟上，作业无法及时批改，对六年级的孩子来说，更是一场内心的博弈与煎熬。

瑄瑄在最后一次上交的家校册上写道："拿着手上已被汗浸软的验血报告，泪珠一直拼命地往下掉，我感觉就像天塌下来了一般，你可能会觉得可笑，这点小事有什么可崩溃的？但我已经六年级了，也就是快要小升初的人了，我还要放弃两周的学习时间吗？我暗暗地告诉自己，不可以！"

看着这段话，我的心里也不是滋味。我既为瑄瑄有这样上进、不服输的一股劲而动容，又发自内心地担心她的身体和心情状态。我想过每天为瑄瑄录制课程重点内容，也安排了同学每天帮她送新发的学习资料。但在和瑄瑄交流之后，瑄瑄既不想花费老师太多额外的时间，也希望自己能更及时地同步大家的学习进度。于是很快，我们决定，采用"空中课堂"视频通话，以"在线直播"的方式，让瑄瑄在家也能与班里的同学一样，第一时间上到新课。这期间，瑄瑄家提供电脑，我及时调整电脑摆放位置，并利用班级现有的插线板，以便她更好地看清黑板和大屏幕。

瑄瑄的上课问题解决了，每门课所要求的作业也能积极自觉地完成。老师们为这样励志的孩子而感到欣慰。为了瑄瑄在云端那头能听得更清楚、学得更到位，大家都百倍用心地备课，细致到用多大的音量、站在什么位置能让她看得最全面。而这期间，老师与同学们一直关心着屏幕那端的瑄瑄，我突然发现，大家上课都更认真了，生怕打扰瑄瑄听课。放学后，还有同学自发地为她送作业，主动拍每一天的学习任务、课堂笔记，甚至还跟我说，想为瑄瑄补课……这一幕幕我都看在眼里，记在心里。

瑄瑄的爸爸妈妈因学校的全力支持、关切，解了燃眉之急，也在感动着，瑄瑄爸爸给我发来信息说："查老师，我们由衷地感谢学校，感谢老师们。孩子在成长的过程中，始终会受到学校文化的熏陶，受到老师的言传身教，如果要说感谢的话，我们真的该感谢辛勤付出的老师们，正是你们的谆谆教导，培育着孩子的成长，用关爱唤起学生的求知热情，如果要说孩子这种励志的品质叫什么，我想这应该就叫江湾特质吧……"

一台电脑，一个故事，将老师和孩子、学校和家庭紧紧联系在一起。其实这是一件很平常的事情，我们也一定不会想到，在不久后的未来，一场新冠肺炎疫情会席卷全球，网课、直播课竟成了常态。但每每回想起此事，我都为自己当时对瑄瑄的在意以及想办法解决问题、消除她的负面情绪而做出的努力感到无比正确！师生之间心与心的交汇之处是爱的圣地。那是作为一个老师，心中真正有学生而该有的样子，那不仅是瑄瑄人生道路上一笔宝贵的精神财富，也是我从教生涯中更加坚定迈步的指引！

每一个孩子都是独一无二的天使

1. 每一个"你"都不平凡

今天给孩子们上了一节班会课，主题是"我眼中的你"。我找了班级中一直以来特别容易被忽略的、急需老师肯定的一批学生，想借这节班会课，让大家重新认识他们、肯定他们，也给他们自己一个自我审视的机会。小越就是其中的一个。

近段时间，小越的表现不太对劲，一向成绩稳定、心思细腻的她，最近的听默写却总是错误百出，错别字特别多。一开始，我只是照常把她每一个错字圈出来，提醒她要认真检查，关注细节。可过了几天，这样的情况非但没有改变，我还发现，小越似乎变得越来越沉默寡言。虽然我知道她一向都不太爱说话，上课很少举手发言，课间也总是静静地坐在位子上，但她和同学们相处得都还不错，她的学习成绩也一直名列前茅。于是，我在家校本上给她留言鼓励：错别字只是一只微不足道的"拦路虎"，不要畏惧，勇敢跨过！

谁知昨天收上来后，小越竟在家校本中回复我：查老师，我知道您一直在给我鼓励，只要我有一点进步，您就会很开心。可是我没有信心，我总感觉融入不进这个班集体，平时大家也都关注不到我……

我这才意识到，小越的心理压力很大，错别字频犯的背后，是小越极不自信、压力与日俱增的问题心理。如果我只是像以往一样，和她单独沟通，给她加油鼓劲，效果一定不会明显，我需要一种更强烈的、让人印象深刻的方法帮助她重拾信心。

今天的"我眼中的你"主题班会，我模仿"感动中国"栏目，给选中的每个孩子写了一段颁奖词作为介绍，让孩子们来猜颁奖词中说的是谁。大家都很兴奋，努力在文字中寻找蛛丝马迹，找出背后的人物。为了不让小越过于瞩目，我还选了小宇、小栩等几个最近表现进步的孩子，我把小越放在最后。

"下一位入围者，她是班级中的大姐姐担当，你只要细心观察就会发现，教室里总有她默默忙碌的身影。主动打扫卫生，是她；热心帮老师做事，是她；同学们需要帮助，她也总是第一个现身。有了她，我们就有了安心……"我边读边看小越的反应，"她是谁呢——"我刚问完，大家立马转向小越，异口同声地叫出小越的名字。

我看到小越的眼睛里闪过一丝诧异、不可置信，但很快就充满了光亮。我把她请上讲台，把"班级风云人物"的奖状递给她，接着说："小越不仅关心、热爱着我们的班级，在我眼里，她还是我们班的智慧担当，因为好多同学有不会做的题目时，大家都愿意去问她，听她的解答。"同学们听后不住地点头。

"她讲题特别清楚，是我的小老师！"敏康大声喊道。我在心里暗暗给敏康竖大拇指，心想，这份称赞来得及时，真可谓锦上添花！

"她还从不发脾气，我们都愿意和她一起玩！"……孩子们的赞美越来越多，我看到小越的脸蛋越来越红，嘴角也越来越弯。

班会课的最后，我告诉孩子们，我们虽然样貌、性格各不相同，但我们每个人都是独一无二的，我们有自己的不足，可也有别人无法比拟的闪光点，而正是这五彩斑斓的大大小小的闪光点，汇聚到一起，组合成了我们现在最独一无二的班集体，我们都在为自己、为我们的班级发挥着自己的力量！

小越和其他同学都用力地点着头。她找回自信了吗？我不能确定，也许明天的听写她还会有一些错误，但是我相信，她的内心一定收获了温暖与信心，哪怕只是一点点，都将鼓舞着她走向光明，走向更好的明天！

2. 每一个"你"都发着光

在教振宇两年语文的时间里，我有对他表现过不满吗？很遗憾，我有过很多次。他经常作业交不上来的时候，我对他皱过眉；书写好几次太潦草时，我让他反复重写；课上时不时开小差，我也严厉批评过他。不仅如此，印象中振宇的整理习惯也不太好，座位经常是书包大开，抽屉凌乱，书本学具也总是洒满一地。

这样的孩子，好像很符合教育范畴的"问题学生"，可每当我想起他时，脑海中率先浮现的却是他在学校走廊的书吧里，一个人静静阅读的身影。这个画面很清晰，以至于过去三年，我依然记忆犹新。振宇真的是个酷爱看书的孩子啊！下课看，上课也偷偷看（经常开小差也是因为偷摸着在抽屉里看书），饭吃完了就看，回家还要继续看。可以说，振宇对书籍的热爱，已经到了如痴如醉的地步。

一次偶然和振宇爸爸交流的过程中，振宇爸爸告诉我，在漫长的线上教学期间，我在一次家长会上告诉家长和孩子们："**脚步到不了的地方，阅读能帮我们到达。**"也由此，在振宇心中种下了一颗爱阅读的种子。

细细回想，在带振宇他们的两年时间里，我在培养学生阅读兴趣方面，算是做了不少的工作。我把班级里的孩子们分成几组，开启"阅读沙龙"，孩子们每天记录自己的阅读情况，一周一次分享；疫情期间，我给孩子们讲绘本、讲名著，把书里一个个生动的故事播撒进他们的心里；我还带着他们创作我们自己的绘本故事，小组想好主题，每人创编一页；还有我们自己的班级作文周报……班里学生对语文学习的兴趣越来越浓厚，小组成员间互动越来越紧密，对阅读也积攒起了大量的偏爱。而振宇就是其中最为瞩目的一个。

他会在我讲完绘本故事后仍意犹未尽，迫不及待地找到书，继续看后面的故事；他会在班级自制绘本后，自己又试着创编完整的绘本故事，图文并茂，生动有趣；他还会在每日一记中写下自己的内心世界，一笔一画，字迹端正，一字一语，皆是他内心丰富的想象和对这个世界最纯粹的热爱。

也正是有了大量的阅读积淀，振宇的文笔日渐优美。每次习作，他的文章总有自己的想象和独到的理解，我很愿意在全班面前大声朗读他的作文。而每当这一刻，他的坐姿一定会特别端正，边听边忍不住捂嘴偷乐。我想，这一刻的他一定有着满满的成就感。此后，我还抓住机会，在班里创办振宇的个人习作专刊，就展示在教室门口，每个孩子都能看到。

后来的振宇成长得如何？他搭乘阅读的翅膀，恣意翱翔。他连续获得学校"书香学子""十佳创作者"等称号，获得区级读书征文一等奖，刚刚又荣获了杭州市读书征文一等奖，且名列前茅。我发自内心地为他高兴！

每一个孩子都是独一无二的天使，天使有缺陷，有不足，可一定也有他最独特的闪光点。而作为老师，我们要努力看到，每一个孩子在淘气、好动、兴趣缺失，甚至厌学等问题的外衣之下，也有一股蓬勃向上的闪光的动力。我们要做的，就是走在前面，以润物细无声的方式牵引着他们，点燃他们心中的渴望之火、梦想之火，给予他们更多前行的机会和更多向上的可能！

谁都不是"熊孩子"

论个头，"宇哥"算是我们班最高最大块头的孩子，看看他爸妈就知道了，未来个头超过 180cm 不成问题。但是在男生里，他算得上是调皮捣蛋的头号人物了。刚分班抽到他时，就有老师来打趣："你运气'很好'啊，抽中了宇哥，未来班级生活肯定很精彩！"

有多精彩呢？你看——

偷拿妈妈的金项链来班里给同学们炫耀，还想高价拍卖出去；

上课嗑笔盖，一不小心吞进了肚子，赶紧送去医院洗胃；

放学后"倒跑"去小卖部买零食，结果摔得半边脸都是血；

批发了一堆文具到各个班销售，企图做中间商赚差价；

一到上课就把头缩进抽屉里看漫画，任凭老师们批评也雷打不动；

最大的爱好是给学习成绩好或篮球打得好的男生当"马仔小弟"，"鞍前马后"乐此不疲……

作为他的班主任，约谈他的次数牢牢稳定在一天至少一次。"小宇啊，这是你第几次来我办公室了？我看你也记不清了吧？""嘿嘿嘿"，宇哥不好意思地挠挠头，继续"嘿嘿嘿"地傻笑。你别说，这大块头往我面前一站，留下一片阴影，我扬起的脖子都开始微微泛酸。看着他额角的汗珠顺着不知哪里打滚粘到的泥点往下淌成一道道黑色的纹路，清澈的眼神、羞赧的表情与人高马大的身板形成鲜明的对比，我故意板起的严肃的表情都差点破功。

我清清嗓子，又故作严肃："我都不知道这是任课老师第几次找我啦，你好歹上课也听一点，你看你考试那么多空着不会做，就是因为别人在学知识的时候，你的大脑光吸收课外书了。给我点面子，你好歹收敛一点呗！你那么爱看书，下次我带你去学校阅览室，上万本图书随你挑！"

"嘿嘿嘿"，宇哥又是点头又是不好意思地继续挠头，但每次都是当面保证永不再犯，下次却依旧如此。

不过我早已做好心理准备了，也没再想过一定要把他的各种调皮捣蛋劲儿给"纠"过来。因为我曾经尝试了无数次，结果是宇哥看到我就应激反应地害怕、远离，然后坚决不改。而在与他反复"斡旋"的过程中，我发现，宇哥其实是个特别单纯，心思简单，心地善良的孩子。

他对老师、同学总是特别好脾气，从没见他跟哪个孩子起过冲突。有时候几个女生打趣他脸脏得像花猫，或是看到他歪歪扭扭的作业字迹抿嘴偷笑，他也不生气，从不跟人扯着嗓门说话。

他的各种在我们看来捣蛋惹事的行径，细细剖析，也是他每个成长阶段合理范围内出现的举动。他对新鲜事物充满好奇，他愿意尝试一切他感兴趣的、好玩的事物（原则性问题或不符合价值观的行为要及时教育制止）。

他还特别乐观、乐于助人，尤其喜欢给每个老师帮点诸如拿学具、领资料、倒水、拿快递的小忙……

卢梭曾经说过："孩子一切不可爱的行为都是在呼唤爱。"每个孩子都想被看见，孩子的每一次打扰都是内心在呼唤爱。像宇哥这样的孩子，我们做老师、做班主任的，首先要以一个宽容的心态去接纳孩子的不足，既要以平常心看待他在成长阶段的各种问题，也要从中找到合适的点及时做好引导教育，让孩子知道什么该做、什么不该做，此外好好体会、享受独属于他的童年味道，我们能轻松一些，孩子也能放松一点。

问题是生命中的常态，失去了问题，人也就失去了对本能的超越。作为教师，我们应该和孩子站在一起，打败问题，而不是与问题站在一起打败孩子。

我永远站在你的身边

晚上接到一通电话，屏幕上显示的是一串陌生号码，接通后，那端传来了坤焦急的声音："查老师，我爸爸逼得我太紧，我真的透不过气来了！"印象中，一向内敛稳重的坤，从不会用这样的语气说话。

"发生什么事了？你现在在哪儿？"因为是周末，我必须快速确定坤现在是否在安全的地方，并大致摸清事情的经过。

"我在奶奶家，我是用奶奶的手机给您打电话的。我真的受不了了……"

在我的引导下，坤带着哭腔把事情的来龙去脉告诉了我。

因为这次阶段检测，坤的成绩有所退步，不够理想，坤的爸爸没收了他所有的电子设备，不让他出门，只能在房间里看书学习。而六年级的孩子，正是自主意识最强烈的时候，这样一刀切的"惩戒"方式，放在任何一个孩子身上，我想都是接受不了的。

我一边安抚坤，一边也在回想着坤的成长。

坤是我从一年级就带上来的孩子，从一年级起（或者说幼儿园起），坤的爸爸就给他制订了非常清晰的培养计划，上英语班，上思维班，学钢琴，等等，大大小小的考级、比赛、考试，坤都参加了个遍，也都拿到了优秀的成绩。也正是因为坤爸的长远目标，以及坤自身的努力，随着年龄的增长，坤的学习成绩越来越优秀，尤其是理科学科，年级里可以说是数一数二。

和坤爸交流的过程中，我也能感受到他对孩子的自豪。是呀，培养出这样一个优秀的孩子，作为父母肯定是花了很大的心血的。而坤向来稳定的发挥，有时也会让我觉得，似乎坤获得优秀的成绩就是理所当然的事。

转眼到了六年级，随着数学思维难度的提升，坤开始出现了小小的波动。就像这次阶段过关，坤的总分没有排在年级最前列，主要是数学学科得分不够理想。当我们老师把情况反馈给坤爸时，坤爸只是简单地回了一句"知道了，我会去了解情况"。看得出来，坤爸无法接受孩子的这些变化，而谈话的结果似乎也背离了老师的初衷。

果然，坤爸对坤采取了较为严厉的惩戒措施，而在了解清楚完整事件后，我很后悔，我没有第一时间先找坤好好聊一聊，或者先和坤爸聊几句，用我觉得合适的方式。

"坤，你不要哭，爸爸只是一下子没做好心理准备，用了不太恰当的处理方式，你放心，查老师会去和爸爸好好说的。"和我通话之后，坤的情绪渐渐稳定下来，不再那么急促、激动。可刚听到我说要和爸爸沟通，他的声音又提了起来："查老师，您千万不要和我爸爸说，他要是知道了，肯定还会有更严厉的惩罚。查老师，我就想和您说说话。"

听完坤的话，我的内心百感交集。从未见他带着如此哭腔，而他能在情绪最失落的时候想到我，说明他很信任我这个班主任，愿意和我交流，我想，他也更希望能听到我的鼓励和安慰。

"坤，老师答应你，这两天先不和你爸爸谈话，但是我不想你这么难过。你是查老师带了六年的学生，你的优秀，你的成长，我都历历在目。在我心里，你真的是个特别特别优秀的孩子，不止学习成绩，还有很多方面。"

"没有谁的人生能够一帆风顺，你也是，查老师也是。成绩的波动是很正常的一件事，及时查漏补缺，我想这个道理你一定比我更明白。我知道这次检测的结果，你已经很难过了，爸爸的做法也许让你更难过了。但是请你相信，作为老师，我会坚定地站在你身边。因为我知道你比任何人，更看重自己的付出……"

坤的情绪再次稳定下来，和坤的奶奶简单交流了几句，让她帮忙关注坤的动态。我确定坤的心情调整了很多后，放下电话，开始沉思。由于时间不太合适，我只能在电话里安抚坤。我很确信，如果我现在就和坤的爸爸交流此事，那可能坤的情绪会再次受到影响。孩子能够对老师如此信任，我不能辜负。周一返校，我得一早再找坤当面聊一聊。至于坤的爸爸，我觉得，我该找到一个合适的契机，用一种柔和婉转的方式，讲给他听。

那些阳光闪烁的日子

遇见·花与蝴蝶

儿童尤其是低段的儿童，他们是最富于想象和联想的，他们总是用自己创造性的想象来认识并诠释世界上的一切事物。在他们的想象世界里，大自然的一切都有了生命，花儿会笑、鸟儿会唱、草儿会舞、鱼儿会说……诚如哲学家康德所说："想象力是一股强大的创造力量，它能够从实际自然所提供的材料中创造出第二自然。"

今天，我和我的孩子们一起学习一首很有意思的儿童诗：《花与蝴蝶》。讲的是花与蝴蝶特别相似，难分你我的故事。

课堂上，我带领学生通过反复咀嚼、体味，一起走进蝴蝶飞舞、鲜花摇曳的世界，而诗歌欣赏并不是我的最终目的，我希望他们拥有一双敏锐和明亮的眼睛，乘着"观察与思考"的翅膀，看到更深更远的地方。于是在课堂上我记录下了这样一幕：

师：花是蝴蝶，蝴蝶也是花，诗人为什么这么说呢？

生：因为它们长得很像。

师：老师把花和蝴蝶带来了我们教室，请你仔细观察，它们哪里很像啊？

生：它们的颜色很像。

生：形状也很像。

师：对呀，似花非花，似蝶非蝶，真难分清，诗人林焕彰用心观察到了这看似平凡的自然现象，用诗的语言描写了花与蝴蝶的"相像点"。

师：花是蝴蝶，蝴蝶也是花，多么美妙的想象！自然界中还有很多相像的事物（分别出示：叶子、小船），仔细观察，你发现了什么？

生：叶子和小船的形状很像。

师：（出示工人与蜜蜂图）再来观察这组图，你能找到他们的相似点吗？

生：工人每天都辛勤工作，蜜蜂会勤劳地采蜜。

生：它们都很勤劳。

师：哦，原来优秀品质也是一种相似。

师：根据你的观察与思考，你还能找到更多事物的相像吗？

生：夏天很炎热，火也很热。

师：给你的感受很相像。

生：小船可以载人，叶子也可以帮助蚂蚁过河呀！

生：看来它们也有着功能上的相似。

生：雨点从雨伞的伞面上滑下来好像滑滑梯似的。

师：真会观察，它们所用的材料也是一种相像。

生：蜗牛爬行的速度和闹钟时针的走动很像。

生：女孩子的花裙子转起来的时候跟雨伞很像。

生：大象的耳朵跟扇子很像。

……

学生的思维好像一下子打开了，从观察蝴蝶和花的相像点，再到联想生活中的各种相像事物，乘着想象的翅膀，孩子们找到的相像点不再流于表面，功能的相似、感受的相似、材料的相似、品质的相似等等，他们所看到的相像点越来越多，相像的方面也越来越具体、多样。就好像任意飞翔的彼得潘，原来思维也可以有着纵横四海的放纵。

这样全面、积极的联想、想象，我能感受到孩子们在课堂上日益高涨的学习热情，仿佛，我和孩子们不是在上一堂课，而是真正沉浸在花与蝴蝶的世界里，观察越来越多面，想象越来越饱满、立体。读着这样的诗，我看到孩子们的想象就像汩汩流淌的泉水，所行之路，浇灌出绚丽的思想花朵，缤纷而纯真。

我想到平时，水光潋滟的清晨，我和孩子们在草坪上诵读经典；阳光灿烂的午后，我带着孩子们在操场散步。还有笑声朗朗的课间，最令人期待的春秋游……在平时的日常生活中，我会有意识地引导孩子们关注生活，观察身边的事物。真正的课堂在课外，一片变了色的叶子，一只孤单的蚂蚁，一棵弯弯的小草，一朵多变的白云……平时潜移默化的引导、点滴的积累会在最后的课堂上达到惊喜的质变。它会在孩子的心中落地生根，它有脉络、有方向，不再是最初干瘪空洞的模样。

苏霍姆林斯基说："每一个孩子就其天性来说都是诗人。"唯美的抑或朗朗上口的儿童诗孩子们也能创作。于是，在"花和蝴蝶"系列诗的课堂最后，孩子们拿起笔，把他们心中所想的相像事物化作一个个跃动于纸上的音符，拨动心弦：

眼睛

打开窗，

让细细的雨丝飘进来，

让洁白的雪花落进来，

让绿油油的坦克靠近来。

大地的棉被

秋天来了，

满地金黄的落叶。

落叶是大地的棉被吗？

我和同学踩着棉被，

快乐地玩耍。

读着这样的儿童诗，孩子们自己创作的儿童诗，我通过他们智慧的双眼看到了最纯真最美好的世界。做儿童真好，和儿童在一起真好。正如托尔斯泰所言，诗人是举着心灵的火炬燃烧自己照亮别人的人。那么，就让我们教师举起诗歌这盏照亮灵魂的火炬，给我们的儿童和少年以人文的关怀和美学的慰藉。

是绘本呀

日本绘本之父松居直曾对绘本下过这样的定义："绘本不单单是'文+图'，而应该是'文×图'。"绘本很简单，文少图多，十几二十几页就讲完了所有的故事；但绘本又很复杂，封面是作者推开故事大门的钥匙，作者把故事奥秘埋藏在封面、正文、构图、颜色等元素之中，时时处处传达出童趣、美感和意境。无论是正牙牙学语的孩童，还是处于学生时代的青少年，抑或是步入社会的成年人，当手握一本绘本，很容易就能被其中的故事吸引，被绘本中表达的情感所治愈。

实践证明，儿童在绘本学习过程中收获的是观察力、想象力、表达力、审美力和自主阅读能力的提升以及对图书的喜爱、良好的阅读习惯。我期待，我的孩子们能进入丰富多彩的绘本世界，去展开双翅恣意翱翔，在纵情阅读的过程中自然地感悟、获得与想象，而我也会努力保护孩子的想象力，呵护他们心中的那份纯真。

1. 童眼看绘本

纵观以往的绘本阅读教学，一些教师注重对故事情节的解读，教师讲解较多，重字词、重图片、重故事、重德育，教学目的过于显眼。这样灌输式地输出绘本内容，孩子们总会觉得有压力、不尽兴。于是，吸取这些经验和教训，我的绘本课堂既能体现"童年味道"，激发阅读兴趣，找回孩子的童年味，还给孩子应有的童年乐趣；又能翻转课堂，体现"学科味道"，绘本不仅可看、可读，还可以融入表演、续写、改编、创造等元素，因此我们在操作时需要"颠覆传统"，"玩转"绘本，释放儿童的童真童趣。

2. 绘本课堂四重奏

基于以上因素，我在班级中进行了"绘本教学四重奏"的设想与实践：

（1）第一奏：赏读，寻"味"

①挑选优秀绘本，大量阅读。好的绘本，它的图文是密切整合的，内容是孩子所喜欢的，表达的意思是孩子容易明白且易于感动的。因此我们不仅要为孩子选择优秀的绘本书籍，也要鼓励孩子自己为自己挑选好书，遨游书海。

②重点文字要多种方式读，反复读。绘本中的文字或叙事，或论理；或陈述画面内容，或说明角色的思维感受。通过朗读，边读边想象，走进作者内心，为生动地演绎绘本奠定基础。

（2）第二奏：演绎，品"味"

孩子是天生的表演家，绘本对他们来说是再好不过的表演剧本。因此像我们班二年级的孩子来说，演绎绘本应该是这一阶段的重点。课堂实践中，我边读故事边引导学生进行角色体验，或是进行极具童话趣味的对话教学，指导学生给角色语言配上动作和表情。还尝试将绘本改编成课本剧，让学生进行分角色演绎。

如我在教学《我的幸运一天》时，将小猪和狐狸的三次对话改编成了一本剧本，如下所示：

旁白：狐狸打开门，门外站着一只小肥猪。

小猪尖叫起来："哎呀，我找错门了！"

狐狸喊着："啊，没错，你找得正是地方！"

旁白：狐狸一把夹住小猪，使劲把他拖了进来。

狐狸大声叫道："这真是我幸运的一天！什么时候午餐竟然自己送上门来了！"

小猪一边挣扎一边尖叫："放开我！让我走！"

狐狸："对不起，小子，这可不是一般的午餐呐，这是一顿烤猪肉，我的美味大餐！现在，就请你到烤锅里去吧！"

在进行朗读指导之后，我让学生通过想象、做动作等方式进行小组合作表演，体会不同角色在不同情境中的感情语气。这样的演绎方式极大地激发了学生的学习兴趣，当他们走上台展示时，脸上洋溢的快乐和愉悦使我深深迷恋。

（3）第三奏：改编，入"味"

①仿写，在模仿中尝试练习

我们要培养低段学生对写话有兴趣，写自己想说的话。一些绘本语言精练生动，朗朗上口，是学生仿写的良好媒介，如教学《猜猜我有多爱你》时，我引导学生用文中"我爱你，一直到……"这样的句式写写自己对爸爸妈妈的爱。

学生这样写：

我爱你，一直到世界的尽头。

我爱你，一直到宇宙边缘，再绕回来。

……

又如《我的幸运一天》中小猪想了三个办法阻止狐狸吃自己，它说的话中有一个共同的句式："你知道，我是一只（　　　）的猪，难道（　　　　　）？想一想吧，狐狸先生。"于是我让学生大胆想象，模仿小猪说话的句式也来说一说。

有学生这样写：

你知道，我是一只（生病）的猪，难道（你想吃我的肉让自己也生病吗）？想一想吧，狐狸先生。

还有学生这样写：

你知道，我是一只（很爱打呼噜）的猪，难道（你想吃了我每天睡觉都不停地打呼噜，吵得家人睡不着吗）？想一想吧，狐狸先生。

这样的改编方式，给学生理解绘本增添了别样的趣味，满足了他们的心理需求，降低了写话表达的难度，极大地调动了思维。

②续写，激发想象

悬念是构成故事魅力最重要的元素，绘本便是靠一个接一个强烈的悬念来连接画面的。不管是层层递进的高潮，还是戛然而止的结尾，都能让孩子们心绪飞扬，产生无数想象。因此，在教学时我充分把握续写这一方式。续写的方式多样，可以是续尾，把故事结尾补充完整；也可以从故事中间进行续写，在故事进行到某一片段时不继续进行，让学生插上想象的翅膀续写故事的发展。

如教学绘本《漏》，故事中老虎和小偷都以为对方是可怕的"漏"，吓得不敢偷驴，拔腿就跑，后来想想心不甘，还是要回去偷驴。故事正是进行到高潮处，老师让学生拿起笔，续写自己心中的结局。一千个人心中有一千个哈姆雷特，学生的思维一下子就打开了。

有学生这样续写：

> 小偷和老虎又回去找驴，可它们为了争驴吵得不可开交，最后把驴的主人给吵醒了。他拿起扫把把老虎和小偷都赶走了，老虎和小偷再也不敢来了。

一两句话虽然简单，但这对学生理解绘本起到画龙点睛的作用。

（4）第四奏：创作，传"味"

创作绘本，自己也来写一写，这对低段的学生来说难度较大，一般放在读绘本、演绘本、编绘本之后进行，以中、高段学生为主。

3. 上路了，才有风景

在江湾，流传着这样一句话：上路了，才有风景。上路了，才能欣赏到沿途各异的风光；付诸行动实践了，才知道自己最终会收获什么。教育的动人之处就在于：观念和方法林林总总，层出不穷，而教师面对孩子的那颗赤诚之心，却在不分昼夜地跳动。一起"玩转"绘本吧，给孩子一个快乐的童味世界。

与阳光邂逅

语文课前，我刚走进教室，就看到小萱坐在位置上悄悄地掉眼泪。正是下课时间，同学们都在玩耍，还没有看到那个角落里，有人正在轻声哭泣。看到我进来，她赶紧擦去眼角的泪水，但我能感受到，她躲闪的眼神里隐含着一丝悲伤。小萱性格比较内向，平常不太说话，但像这样神情凝重的样子，我还是第一次见到，我意识到，这背后肯定发生了什么事，我得先了解清楚。

我赶紧打电话联系小萱的妈妈，把孩子最近的变化告诉了她。听了之后，小萱妈妈突然哽咽起来："查老师，是我对不起孩子，平日里我工作忙，下班回来晚，没有时间陪她，她爸爸又常年在外地出差。前两天我情绪不好，看她做作业拖拖拉拉的样子，就对她发了一通脾气，完全没顾及她的感受……"

家家都有本难念的经，我能体谅小萱妈妈近乎一个人带孩子的不容易，但也想让她明白，处于青春期的孩子心理变化的重要性。"小萱妈妈，其实您可以跟孩子分享一下您生活和工作的焦虑，这个时候的孩子往往内心都很敏感，她会觉得妈妈只会批评她，不理解她，久而久之，您和孩子之间就会产生隔阂。小萱本来就比较内向，不够自信，我觉得我们在家还是要多注意自己的情绪，只有我们快乐起来，孩子才会变得阳光、自信……"最终，我们达成共识，要经常保持联系，形成一股教育合力，共同指引孩子健康成长。

有时候，阳光下的操场真是一个消除烦恼的好地方。午饭后，我把小萱带到操场上，和她一起散散步。刚开始，我什么也没说，只是牵着她的手，让她和我一起感受阳光的温暖，消除她内心的紧张。第二圈，我摸摸她的头发，对她说："小萱，《古兰经》里有句哲语说得很好：如果你想叫山走过来，山不走过来，你就走过去。任何人遇到困难，情绪都会受到影响，我能感觉到最近的你有点儿不太开心，是遇到什么事了吗？"小萱也终于对我敞开心扉，抹着眼泪对我说："查老师，我知道我的爸爸妈妈工作都很忙，他们很爱我，但我总是惹他们生气，尤其是妈妈，她下班回来既要管我的学习，还要照顾妹妹，我的学习成绩却一直上不去，我觉得自己很没用……"

就像我记忆中熟悉的那样，小萱是那样懂事又孝顺的孩子，在这个年纪，懂事得让我有点心疼。我停下脚步，走到她前方，面对着她："小萱，你知道吗？妈妈以为是她批评了你，你才这么难过，她很内疚。"我看到她的眼睛里又噙满了泪水。"妈妈很担心你，我也是。我知道你很想取得优秀的学习成果给妈妈看，但学习是一个漫长的过程，你只要坚持努力，未来一定会取得一个又一个突破。但学习并不是我们的全部，我们也不是只能用学习回报爸爸妈妈。"小萱抬头看看我，疑惑不解。

"想为妈妈做的事有很多，我们可以先把自己照顾好，自己学会整理衣物、整理房间，学习做菜，为妈妈做一道菜，还可以在妈妈每天下班回家时，笑着给妈妈一个大大的拥抱。我想，妈妈看到你的笑容，一定会比得到什么都开心。你说呢？"听到这儿，小萱终于露出了笑容："对啊，我怎么没想到呢？今天回家，妈妈一回来，我就给她一个大拥抱！"

我挽上她的肩膀，继续往前走。"我支持你的想法，妈妈一定很开心。不过你也要把自己的想法及时告诉妈妈哦，妈妈很担心你，她一定也希望听听你的心里话。"小萱用力地点点头。"关于学习，你也不要着急，平时遇到问题多问问老师们，他们一定会耐心解答的。我希望，我的小萱能够成为一个越来越自信、阳光的孩子，这才是最重要的……"

教育是生命的对话，我们不能让生命成为遥望的孤岛。一个生命只有在与另一个生命真诚相拥时，才能感受到春天的温暖。我会永远记得这天的阳光和操场，还有我和一个小女孩儿在散步时，心与心之间的对话。

大草坪上的饺子味

童年对于我们每一个人都是唯一且珍贵的，童年的美好回忆会伴随着人的一辈子，并在未来的某一时刻再次于脑海中复刻。进入江湾后的第一个新年，我和孩子们都参加了一次难忘的元旦迎新活动——到大草坪上包饺子！这是我的第一次，也是孩子们的第一次。

自进入江湾，我就发现，这里组织的所有学生活动都不太一样，它颠覆了我在大学里学到的对传统活动的认知，不断打开我的视野。学校旁边不远处就有一块大草坪，平整且空旷，再隔一条马路就是钱塘江了，因此，借助这样得天独厚的地理环境优势，依托钱塘江畔优美的自然环境，学校个性化地把学生活动搬到大自然中，在广阔的大自然中陶冶学生的情操，通过活动培养孩子亲近大自然、热爱大自然、保护大自然的优良品质。

元旦这天，天气虽然寒冷，好在阳光不错，我们带好学生队伍，一路走向大草坪。大家都很兴奋，大草坪上人头攒动，满是学生、老师和家长。在所有人的注视下，元旦迎新活动的第一环节——孩子们的少先队入队仪式正式开始。它和我认知中的一样庄严、肃穆，但它因为被搬到了大自然中，有蓝天白云的见证，有冬日暖阳的拥抱，当我们把鲜艳的红领巾系到孩子们的身上，他们坚定又清澈的眼神和家长们骄傲又感动的目光交织在一起，使得周遭的自然环境更加清丽与美好。正如一位家长所说："看着孩子们行庄严的入队礼，我仿佛一下子也回到了童年。小小少年初长成，系上红领巾的那一刻，让我们再一次心潮澎湃。"

在家长们合力生火、烧水、包饺子之前，我们每个班级也在这样空阔又独特的自然环境中开展各种有趣的活动。有班级集体吟诵诗歌，也有家长、老师、学生齐上阵的拔河比赛，更有各种各样的游戏：老鹰捉小鸡、夹气球、网小鱼……孩子们如鸟鸣般无拘无束的笑声响彻四周，家长也情不自禁地加入其中，成为"老鹰"和"鱼儿"，一次次地被孩子包围，一次次地被孩子们纯真的笑声所淹没。

终于到了最激动人心的包饺子、煮饺子环节。各班班主任和家长们手把手地辅导孩子们包饺子，还鼓励他们通过自己的学习和想象，动手包出各种形状的创意饺子，把它送给自己的老师、同学和爸爸妈妈。这些活动就像它们的名字一样美好："我给老师包个祝福饺""我给家长包个感恩饺""我给同学包个友谊饺"。

看着孩子们在草坪上玩得热火朝天，看着家长、孩子和老师们包饺子包得不亦乐乎，看着孩子们拿着亲手包的饺子满学校寻找老师、家长，甚至校长，送上最可口、最暖心的饺子，我突然觉得，当我们转换空间，把熟悉的活动换上不一样的场景，得到的也许会是 N 次方的效果。生活即教育，德育即生活。当来自天南海北的孩子们和家长们，携着不同的味道相聚在一起，我终于深刻理解了陶行知先生的"生活即教育"理念。这才是真正的童年味道！

大梦想家

今天是周三，又到了孩子们最喜欢的"纯真童年 快乐周三"小舞台的展示时间。每到这一天，老师们对学生进班早读的要求都会放宽一些，孩子们入校后也会直奔小舞台四周。

今天早上由四年级负责节目展示，才刚到 7 点 30 分，几位要上台表演的学生就早早来舞台边做准备了。第一个节目是架子鼓，一个个头并不太高的小男孩穿着非常正式的服装，还专门做了发型。男孩的爸爸妈妈也都来了，齐齐上阵，帮男孩把乐器一件一件摆好。在他们摆放架子鼓的时间里，我静静地观察着他们，男孩爸爸的背上汗水已浸湿了衣服，看样子已经忙了一会儿了；男孩的妈妈在一旁指挥着爸爸，而这个小男孩呢？脸上满是按捺不住的欣喜。是呀，这个乐器一摆上舞台，的确有范，驻足围观的同学特别多，快挤满了舞台边的场地。孩子们的脸上也洋溢着笑容，都期待着感受一下架子鼓的激情韵味。你瞧，这氛围一点也不亚于大型演唱会。

当乐器和伴奏音乐一同响起，"小舞台"便正式拉开了帷幕。短短半小时，节目并不多，却是所有孩子们最为放松和开心的时刻。表演中，下面候场的同学开心地与台下要好的朋友打着招呼，用手指指自己，又指指舞台，示意"下一个是我了"，满脸的骄傲。等他走上舞台，正式表演，还不忘与下面的同学、朋友互动一下，待表演完毕，尽情享受好朋友们、观众们的掌声，俨然一个小明星！我在一旁欣赏着这样热闹的场景，看着舞台上每一个神采飞扬的孩子与台下每一位全神贯注的小观众，听着其他小朋友用羡慕的语气问着"什么时候轮到我们年级"，我真切地感受到：这样的舞台、这种期待的心情，不正是我们追求的"童年味道"吗？

上周日，我来学校办点事，刚到校门口，就看到小舞台上居然有学生很认真地练习跳拉丁舞，旁边还有一位家长在用手机放伴奏音乐，同时指导孩子们的站位。我为我们的学生、家长有着这样的热情与用心而动容。

曾经我觉得"周三小舞台"和其他的学生表演一样，并没有什么特别之处，可直到今天，我才品味到了它背后的独特之处。

虽然学校每年都有迎元旦、庆六一等大型的艺术表演展示活动，也有精心培养的校队梯队学生参加如艺术节的区级以上赛事活动，但大舞台的表演很多时候都是那些才艺比较突出的孩子参与其中，受众面很小，远远满足不了学校大量孩子内心的渴望。有更多的孩子，也许他们并没有特别出众的才艺特长，也许他们从未上过舞台表演节目，但他们也有对舞台的渴望。我听说，有不少年级组选拔不上的孩子，趁周末学校没有其他人的时候，也跑来学校，上小舞台上过过表演瘾。我想，小舞台的意义就是让更多的孩子能够展示才华、享受掌声，感受"被看见、被肯定"的力量。

在孩子成长的点滴岁月里，他们曾有一个一个梦想飞出天窗，曾有一个一个梦想被写在日记上。他们渴望像竹蜻蜓一样张开翅膀，飞到任何想要去的地方；他们期待着，未来像钻石一样闪亮。我们做老师、做班主任的，就是要努力搭建平台，帮助孩子实现梦想。我们在班里举办的联欢活动、在学校开展的兴趣课程，都是给孩子提供展示各种才华的平台；我们给孩子们的每一次掌声、每一次鼓励与肯定，都是他们成长过程中最坚实的力量。这些都在孩子的心中留下"我也想、我也要"的火种，帮助孩子们从小的愿望，一步一步走向大的梦想起航。

第一章 听心底花开的声音

夏天的雨

夏天的雨，既不像春雨那般忸怩、一遮三掩，也不像秋雨那样唠唠叨叨，跟个老太婆似的。夏天的雨是直率的，是豪爽的，也是阳刚的。你瞧，前一秒还是烈日当头，一眨眼的工夫，黑云便从四面八方压了过来。狂风骤起，攒够了的雨点随时准备倾巢而出。

正是下午极易犯困的时候，教室里正在上着语文课，随着屋外翻天覆地的变化，孩子们一下子全被吸引了去。我大手一挥，放他们一条"生路"："今天这节课咱们临时改个主题吧，都去外面看个够，我们一起找找风和雨的样子。"小毛孩们欢呼着乌泱乌泱地往外跑，一个个趴在栏杆上、蹲在地上、望着天空，专注得很！

也正是有了这样一次"实地观察"，孩子们眼中的云、风、雨、阳光与天空，一个个变得真实、具象起来：

狂风吹着树木，使树木的面孔变得扭曲。暴雨也不甘示弱，一鞭子又一鞭子地抽打着花朵，一片一片的叶子落了下来。雨渐渐变小了，如一块绿色的，富有动态的水帘，将整个城市笼罩起来。这流畅的绿色，仿佛在飘动，飘着，飘着……

天变黑了，说不清到底是深蓝、灰蒙还是墨黑，一阵雨点点滴滴地飘悠着，滴在野花上，凝在树叶里，太阳好像等不及雨下完，就冲破云层，照耀大地。

抬头望去，朦胧的一片，却略有如诗如画的韵味。渐渐的，渐渐的，雨滴飘落下来了，有些凉意的雨滴在我掌中舞蹈，最终还是落到地上，投入溪流的怀抱。

雷声里，天上的云，半空中的水汽，都变成了坚实的鼓。在天边时而划过的闪电就是无数根小小的鼓棒，敲打出一阵又一阵铿锵有力的鼓点。

呼……呼……像一首押韵的童诗，渐渐地从四面八方悄然而来，逐渐清晰起来，响亮起来，由高至低，由高至低……穿过水面，激起一层层的波浪，慢慢地流淌，如一朵在水中绽放的花儿，逐渐荡漾开去，荡漾开去……无情肆虐的狂风是无数沉重坚硬的鼓槌，打击出一曲又一曲欢快的节奏，每一个音符都带着梦幻的色彩。

我张开了手臂，感受着，心中的忧郁一下子烟消云散，似有一种久别重逢的喜悦。体会着这大自然别样的礼物，痒痒的，但很清新，好似一千根柳条，在脸上轻挠着，带着一股清香。也许，这就是风的味道吧？

随着一阵轻风拂过，树叶沙沙作响，这轻微的动静并没有被人发现，可雨，就这么开始了。密密的雨点打在窗户上，像叮叮

等待花开的季节里守望成长

咚咚的鼓声。窗外的树枝摇摆着，像一个刚学舞蹈的小女孩，只会胡乱地扭着腰和手，不时发出"沙沙沙，沙沙沙"的声音。

阳光透过树叶，一缕一缕的金光洒在水面上，波光粼粼。粉红的桃花，洁白的樱花飘落下来，好像墨笔点缀而成的一只只蝴蝶。渐渐地，我仿佛也是其中的一朵，裙袂是花瓣，双腿化作枝干，在风中舞动。

原来，夏天的雨，还是活泼的、灵动的、沁人心脾的。

星光与背影同行

遇见越来越好的自己

1. 遇见

我已经工作六年多了，刚送走了我的第一批学生。在过去的那些时光里，有太多美好的、感动的、遗憾的瞬间。我想念这些飞逝而过的记忆，也珍惜现在所拥有的一切。根据马斯洛的需求层次理论，我觉得这份职业已经帮助我实现了最高层次的需求，即自我实现需求。

这种自我实现感第一次是来自哪里呢？是孩子们拼命"赚"积分，双手捧着攒了很久的积分币来我这里兑换书籍，拿到后那开心满足的模样。还是更早以前，批评一个上课不认真被我说了还顶嘴的孩子，回到办公室，看到桌上躺着一张卡片"查老师，我让你伤心了，我以后再也不这样了，我不希望你难过"，我的眼角马上泛起泪花？又或者更早以前，当青涩的我走上讲台，看着那一双双纯净的期待的眼睛，我的心早已融化了呢？我被一种宏大而神圣的情感激荡着，我常常觉得感恩，感恩遇见江湾，遇见这些可爱的孩子与同事，也遇见越来越好的自己。

2. 启航

工作的头两年，和绝大多数刚踏上讲台的年轻教师一样，心怀壮志，满腔热血，做任何事都付出百分百的努力，觉得只要努力了，所有的事都能做好。但学生不听话带来的烦恼，家校沟通存在的困惑，备课上课达不到预期效果，身体心态接连亮起的红灯……这些都让我灰心丧气，倍感沮丧。

有人说，对于生活和工作的理解和想象，决定了我们生命的广度和深度。感谢这些看似"低谷"的日子给了我足够的时间去思考和回顾，就像我的孩子们遇到任何困难都没被打倒一样，我开始放慢脚步，回望走过的路。我总和孩子们说，制定目标，规划学习，原来我也一样，要找到属于自己的，努力的方向。

3. 前行

生活包容了所有的不安与彷徨，前方埋藏着所有的希望与梦想。我喜欢现在做着的这份职业，喜欢孩子们脸上洋溢的笑容，喜欢每一天努力的自己，也喜欢更坚定走在路上的模样。于是，我和孩子们一路高歌，一路前行，在五年内共获得五次校级先进班集体，四次区级先进班集体称号，自己也先后在区少先队辅导员风采大赛中获得三等奖，区班主任基本功大赛中获得一等奖，并荣获 2019 年区优秀班主任的称号。

做一个老师，和小孩儿在一起，真是一件开心的事。孩子们在成长，我也在成长，成长为更平和、更能听清内心声音的人。

做一名有底气的教师

在这春暖花开的季节，我有机会到久闻大名的育才中学参观学习，虽然只有短短一个下午，但育才的校园环境、课程的设置、教师的服务精神和敬业精神、校长的激情满怀都给我留下了深刻印象，让我收获满满，且谈我的几点感想：

1. 一个优秀的教师要理清自己的顶级目标

许巍在歌中写道："生活不止眼前的苟且，还有诗和远方的田野。"人总是会有矛盾、困惑的时候，我也曾长时间处于焦虑状态，觉得工作做不完，任务一大堆，没有自己的时间，又苦于家人三令五申的"终身大事牢记于心"，无法静心做事。像这样遇到矛盾，熵值过高时该怎么办？郜校长的演讲给了我们一个方法，那就是要问一问自己，我的人生顶级目标是什么。要不断地追问自己，把许多小目标或初、中级目标进行梳理反思，直到找到自己的顶级目标，自己内心最渴望实现的事。只有找到了这样的目标，不断给自己降熵，那么工作和生活中的一些矛盾冲突才能得到圆满解决。在我看来，这个顶级目标就是自己的人生观和价值观，就是未来的人生方向。它能帮助我们选择自己最有热情去做的事，能够把自己的热情奉献在自己的选择上，从中不断分泌多巴胺，获得满足与快乐。

2. 一个教师的优秀要靠自己的专业性来体现

郜校长的一个例子举得很好：如果一个病人去看医生，医生说"这个我不是太懂"，那这个病人还敢让这位医生看病吗？那一位教师是不是对教育、对自己要教的内容都理解吃透了呢？是不是也存在"我不是太懂"的情况呢？社会上有那么多媒体那么多人都能对教育、对教师指手画脚，我想就是我们的专业性还不够强，所以底气不足。"君子曰：学不可以已。"教师更不能停止学习，尤其是专业性学习。只有本专业过硬，我们才能挺直腰板，拍着胸脯说："教育，我比你在行。"所以，要成为一个受人尊敬的教师，必须要不断提升自己的专业性。

3. 一所学校的优秀一定是全方位的

育才学校的立身之本是他们的教学质量特别优秀，在杭城首屈一指，这是郜校长的底气所在。但正如郜校长所说："没有优秀的教学质量，就没有今天，仅仅有教学质量，那定没有明天，我们既要有今天，也要给孩子们明天。"因此，我们看到和听到了全面优秀的育才学校，党建工作、教学质量、篮球特色课程、戏剧课程、学生晚宴等活动都做得非常好，学生、老师和家长都乐在其中。所以，只有学校把各方面都做优秀、扎实，自上而下拧成一股绳，才能促进学生的全面发展。

育才的优秀方方面面，已成习惯，我将在今后的工作中慢慢消化，把学到的经验带入自己的工作中，不断改进，给我的孩子们，也给自己，一个又一个人生道路上的"小确幸"。

让人们因我的存在而感到幸福

虽然很想在周末两天好好休息给自己放个假，但必须承认，李镇西老师、李俊兴老师与郭文红老师在这两天中所带来的讲座与经验交流还是给了我很多的感触与收获。

几位老师交流了一些教育、教学上的经验与方法，给我的一个共同感受是：他们愿意并坚持去思考、实践与反思。这其实是每一位老师都应该做到的，但实际上很少有老师能够一天一天地坚持下去。比如每天写教育叙事、教育教学随笔，看似简单但一不留神就会犯懒惰。我深深明白在这每天的积累中所蕴含的宝贵财富，却也经常因为事情多而不写还为自己找借口。其实，有时三言两语足矣，流水账又何妨？这是记录，是回顾，是思考，更是飞跃。每个孩子都有故事，每件平凡小事都有教育契机，细节、问题与经验的积累，这对一个老师的成长来说是非常重要的。

李俊兴老师是高中校长，他提到的一个学习方法让我印象深刻：分组记忆，情境再造。他举了个例子，让在座的老师1分钟内牢牢记住加德纳的"多元智能理论"——空间智能、数理逻辑智能、音乐智能、运动智能、自然智能、自省智能、人际交往智能。单看这七个智能名词，死记硬背，我也许1分钟内能够记住，但不保证以后都能记住，可李老师用了一个方法，使我到现在都还牢记心中：位置记忆法。李老师是这么说的：现在这个会议室里，房间有窗户，对应空间智能；笔记本电脑功能很多，对应数理逻辑智能；房间里有音响，对应音乐智能；我书包里有几本自然书，对应自然智能；我前面有两把椅子，椅子能动，对应运动智能；有两个老师犯错误了，到我这儿反省，对应自省智能；我给他们泡茶，和他们交谈，对应人际交往智能。就是这个方法，通过情境的创造，这些原本生涩枯燥的内容立刻生动丰满了起来，脑中留下的记忆也尤为深刻。而这个方法是可以变换通用的，比如我们孩子的听写、识记字词，何尝不可给他们创造一个简单的情境呢？比如"呆板、是非、善恶"等词语的识记，可以和孩子们说"你的爸爸也许看上去比较呆板，但他是个是非分明、善恶分明的人"……分组记忆，情景再造，我着实学到了一招。

还有郭文红老师的常规习惯教育也非常值得学习。她认为拥有良好行为习惯的学生应该具备这几点：见面打招呼、站有站相坐有坐相、爱劳动讲卫生。这些我想每个老师都在做都在教，但未必有郭老师这样的效果。原因在于，郭老师"有方法"，但其实这方法非常的简单朴实，就是说与做。说什么，做什么呢？比如培养孩子吃饭的习惯，除了跟孩子说他们现在在长身体外，再找一些对比小故事，真实事件里得到的结论比老师苦口婆心说一大堆道理有效得多。再比如站姿坐姿，不用多说，就拿着相机拍、放，给他们看对比，孩子一看啥都不用说就能自己改过来了……

在问题学生、问题家长的处理方法上，几位老师也都根据自己的亲身经历给出了一些经验与方法，值得借鉴与参考。

明天开始，我希望自己能多笑，少批评，少骂人。和孩子们做个约定，一天如果能让我批评少于三次，我就请他们吃糖，当然，这完全取决于他们的表现。慢慢来吧，首先做个爱笑的老师，老是板着个脸，我自己都要抑郁了！

明天开始，我要记录每个孩子的故事，给他们写信、读信，希望能成为我们班一道风景线。

也谈"以生为本"

自新课改以来，"以生为本""以学生为主体"的教育理念越来越深入人心。"学生是学习的主体""不应以教师的分析来代替学生的阅读实践，不应以模式化的解读来代替学生的体验和思考"……绝大多数的老师都很明白新课改的理论与要求，也曾付出诸多努力，但为什么实施起来会如此困难，不经意就会拐入"一言堂""满堂灌"的死胡同呢？

我认为存在两个原因：首先，教学进度、教学课时的限制。因为课时安排有限，每堂课就35分钟到40分钟，而教材内容又很丰富，再加上延伸拓展的课外知识、课堂练习，教师无法保障一节课的教学效果，不敢轻易将"主体"还给学生。其次，学生之间存在个体差异。由于个体学习需求不同，学生接受程度不同，班级学生之间存在的差异较大。教师为了照顾后进生，让所有学生都能听懂，往往就会越讲越多、越讲越细。于是，教师依然是课堂的主体，学生仍然是被不断灌输的对象。

似乎要突破这两个瓶颈很难，但我们不妨换一个角度：不要执念于把"主体"直接还给学生，而是将自己不断地缩小与弱化来逐渐放大"学生"这一主体。而"缩小与弱化"的途径就是在教学上下点功夫，学会转变，学会偷懒。

在我看来，学生好比种子，教师的教学好比沃土，土地肥沃丰满，开垦得当，种子就能健康发芽、生长，直至开出课堂上一朵朵美丽的鲜花。那么针对上面所说的两点，教师该如何利用教学沃土去培育这一颗颗种子呢？

1. "把课上出节奏感与韵律感"

中国语言文字博大精深，充满韵味，如音乐一般绕梁三日，回味无穷。作为语文教师，我们也可以化身为"编曲者"，把语文课堂教学编织得像音乐一样有节奏，有韵律。这就要求语文老师恰当整合教学内容，合理安排教学环节。

正如做人要大气、大度，我们的语文教学也应眼界开阔，形成"大语文教学观"。知识是一定有难有易的，学生也绝对不会什么都不懂。同样都是教学点的情况下，简单的简单讲、学生自己讲，甚至不讲，有难度的教师重点讲，或者学生小组探究解决。这样既合理安排了课堂时间，学生的学习兴趣也能保持在一个较高水平。而纵观整个教学过程，环节与环节之间应有快有慢，有轻有重，层次分明，重点突出。如果语文教师能从大局着手，通盘考虑，整体设计，并妥善处理每一个教学环节，详略得当，整个课堂就能如行云流水般自如流畅，我们的学生也会逐渐树立全局意识，融会贯通，达到"会当凌绝顶，一览众山小"的境界。

2. 颠覆传统，留有余地

孩子的想象力与创造力是惊人的。古希腊生物学家、散文家普罗塔戈曾说："头脑不是一个要被填充的容器，而是一把需被点燃的火把。"很多时候学生并不是不会、不懂，他们只是缺少一个"一点就通"的跳板，这就是教师的准确提问与循序启发。

我曾把一堂本该思想碰撞、各抒己见的语文课变成了学生不敢举手、不敢发言的"沉默殿堂"；我也曾从学生眼中感受到他们对这节本该趣味横生的课所表现出来的索然无味。让学生觉得上语文课是种煎熬，这是非常可怕的。是什么原因造成的呢？很大一部分源自语文教师的机械提问与不会提问。知识与知识的衔接是有梯度的，找到适合学生的最准确的提问，让他们有充足的自信举手回答，甚至有时候"此时无声胜有声"，呼之欲出的答案就在一步之外，通过循序渐进的启发让学生自主去发现、去探索、去领悟。

3. 关注后三分之一的学生

班级学生之间一定会有差异，能让教师不断重复强调、教学进度变慢的往往是后三分之一的学生。李镇西老师曾说：转化后进生的前提，是教师本人先"转化"自己。"转化"自己什么呢？转化，实际上是"转变"自己的心态，就是换一种眼光。

教师的确要重点关注后三分之一的学生，但不是在课堂上让全班陪听重复的内容，而是要延伸至课外，采用各种方法，最大化地成就有效课堂。比如给每个孩子找一个结对小老师，利用课后的时间让小老师一对一地去督促、讲解。有时候孩子之间的沟通要比老师更快速有效。当然，还要充分利用家长的力量，让家长进行辅导与过关检查。于是，有了如此强大的后援军，教师在保证大部队稳步前行的前提下，后三分之一的学生能够逐渐跟上大家的步伐，不至于掉队。

人生是花，语文是根。语文的根扎得深，教师的教学"土地"足够肥沃，语文课堂才会散发浓郁的"语文味"，学生才能得到收获与成长。这才是行之有效的语文课堂。但真正要实现这一目标还需要我们不断探索与实践。希望在我们这片沃土中，那一颗颗小种子都能够茁壮成长，开出一朵朵美丽之花。

我看到了转型的影子

2018 年 6 月，浙江省语文教研员余琴老师来校听课，我上的是《与象共舞》，那是我第一次彻底改变原有的教学思维与教学模式，初次踏上课堂转型之路。舍弃固有，从原来的"旧我"中脱胎换骨出"新我"，这个过程很艰难，在无措、彷徨与不断尝试中，是钟启泉教授的《课堂转型》一书带给了我诸多灵感。一眨眼工夫，这已是大半年前的事了，课虽早已结束，但转型的课堂教学仍在继续。我看到的不仅仅是转型的影子。

进入六年级后，学生的求知欲明显提高，知识面广了，迫切想要解决的问题增多，以往的常规教学不再适合他们。于是，我对自己的语文学科教学提出更高的要求：教学绝不敷衍，一定要带动学生深入学习。而这与课改专家余文森教授在《核心素养导向的课堂教学》一书中倡导的"深度教学"不谋而合。深度教学，是要防止学科知识的浅层化和学生思维的表层化，是学科教学走向核心素养的一个突出表现。如果仅仅着眼于一本书、一篇课文、一篇阅读理解、一道题，是万不能带动学生深入思考、全面思考的，所以我们自身要先把眼界放大，格局放大。那么，深入教学具体怎么操作呢？这一学期，我致力于做好三件事：用好纠错本（笔记本）、每天一提问、"公式化"解读阅读题。

1. 用好纠错本

学习过程中的收获如何落脚？需要进行梳理、反思和提炼，这就要用好我们的纠错本。大家都知道纠错本是用来记录错题的，但我对我的孩子们还提出了要求：不同学科分不同的纠错本，不能混记；从前往后记错题，从后往前记笔记。前者很好理解，为了方便翻阅，后者是为了能让学生快速找到重点，把课堂笔记与作业错题区分开，方便记忆与反复翻阅。现在，班里的孩子基本都能用好纠错本，每每考前都能看到他们反复复习纠错本的身影，很多孩子的纠错本更是被广泛传阅。

2. 每天一提问

开学初，我提出了"每天必须向任一学科老师问问题"的要求。发现问题，是学习的起点，是一个引发学习的过程。我"逼着"孩子们每天提问，其实是倒逼他们在上课时、讲评错题时认真听并思考：老师刚才讲的我还有哪里没听明白，下课一定要去问清楚。实施至今，大多数孩子已养成了每日必提问的习惯，原本不敢去问老师，现在总往办公室跑。虽然总有孩子问不出问题或问的都是无效问题，但我觉得并不打紧，至少，这些孩子也动了脑筋，也尝试了思考。

3. "公式化"解读阅读题

都说语文的阅读理解很难答，看似没有标准答案，分值面分布却很广，需要学生全面思考、深入思考。在做了大量阅读题并整理归类后，我发现，阅读题的问法有讲究，答题有"公式"可套。而这两个是先后依存、紧密相连的。

（1）抽丝剥茧解题面

很多同类文章的阅读题看似问法不同，其实追本溯源，问的都是同一个问题，这就需要学生抽丝剥茧，千万不能被题面迷惑。比如《笋芽儿》一课中"笋芽儿探出头来，悄悄地向外面张望着"，这一句话可能会出现不同的问法，如表1-1所示。

表 1-1 《笋芽儿》之重点语句的不同问法

例句	不同问法
笋芽儿探出头来，悄悄地向外面张望着。	请你说说这句话的表达效果。
	你是如何理解这句话的？请你来说一说。
	这句话中"探"字用得特别好，它有什么作用？
	这句话用了什么修辞手法？你能说说它的作用吗？
	……

这些问题看似不同，有的简单有的难，但当我们把它们整理在一起就会发现，这道题不管怎么问，想要学生回答的点就是"探"、修辞手法和修辞手法的作用。我带着学生梳理了几道同类型的阅读题后，他们恍然大悟：原来"只在此山中，云深不知处"，须"拨开云雾"方见"月明"。

（2）答题方法有"公式"

光知道阅读题问什么还不够，还得清楚如何答。有时，就需要我们从答案入手，倒推回去。在整理了像《笋芽儿》这样写景类文章重点句的赏析句后，我发现，答案里都有这些信息：某个关键词、修辞手法、"生动形象地写出了"、作者的思想感情。于是，我带着孩子们大胆归纳总结：写景散文的重点句赏析，可以用这样的公式：找关键词+找修辞手法+生动形象地写出了……+表达了作者……的思想感情。针对不同文章、不同问题，我也不断摸索，进行了个性化的公式解题，如表 1-2 所示。

表 1-2 阅读常见问题的答题公式

常见问题	答题公式
写景文章重点句赏析	找关键词+找修辞手法+生动形象地写出了……+表达了作者……的思想感情
叙事文章主要内容的概括	一个关键词（词组）概括事件+六要素
说明文重点句赏析	找说明方法+具体/准确/生动地说明了……+体现了说明文的科学性、严谨性、准确性
……	……

此外，还有结尾的作用、首尾呼应的作用、过渡句的作用、环境描写的作用等等，每次总结出"新公式"，我总会第一时间让孩子们记录到纠错本的笔记部分，反复读，不断记忆，帮助他们答题。现在，不少学生反映，他们不再害怕阅读题了，感觉以前看起来割裂的题目，现在好像有一根线串联着，顺着这根线就能找到想要的答案……

课堂教学是一种创造性活动，当一线教师每时每刻都痴迷于教学的创造、潜心于变革自身的时候，深度教学的种子便会生根、发芽，变革班级中每一个学生的精神世界。

第二章

笔尖下的纸短情长

作为班主任，每天要面对来自学校、来自学生、来自家长各种层面的问题，除了对话，有时候，传统的交流方式——书信，能帮助我们处理很多问题。文字是有温度的，它是一种最直接又最真诚、最快速又最细腻的直达对方心灵的对话方式。

当班级走进每一个新学年，我给全体家长送上一封又一封书信，为他们指明方向；当班级里的学生遇到各种不同的问题，我用书信与他们对话沟通，聆听他们心底的声音；在"三位一体"成长对话课程中，我又用书信拉近亲子关系与家校距离，激发学生内心深层次的情感体验。

文字的温暖不仅体现在书信对话，在期末综合评价活动中，我又用真实、具体抑或充满个性化的评语述说我心中每一个孩子的成长。

笔尖触心灵，纸短露情长。当我们选择用真诚的文字牵起孩子的手，他们定会在成长中的每一个阳光明媚的清晨、每一场酣畅淋漓的大雨、每一条奔向大海的溪流，相遇美好，与世界温暖相拥。

一封书信，一路指引

——给全班家长的一封信

在当班主任的时候，每一学年，我都会给全班家长写一封信，告诉家长们在孩子的每一个新阶段，我们该做些什么，需要注意些什么。有时我会选择在新学年的最开始，有时选择在学期临近结束时，若是学期中期班级出现整体性的问题，需要家长的配合，我也会放在这个时候，和家长说说心里话。这既是表达对家长的关心与提醒，也是不断地给自己以新的管理思路。

上路了，才有风景——给一（4）班家长的一封信

我刚踏上教师和班主任这个工作岗位，以全新的面貌接手崭新的一年级。作为新人，在第一学期，我一直是以观察者和思考者的身份，主动参与到班级管理及家校沟通中。我认为当彼此都是崭新的时候，观察与了解是最重要的，观察学生的成长，观察家长的态度。而在一个学期的深度了解之后，我选择在学期结束之时给班级的全体家长写一封信，把我长期以来发现的突出问题和需要家长们配合的事情写在信中，这样的内容更使人信服，也能及时为家长指明方向。

尊敬的家长：

　　您好！感谢各位在这一学期一如既往的支持和配合！很高兴因为孩子，我们走到了一起。更重要的是，过去的一学期里，我

们看到：绝大多数家长在用行动配合教师；在用爱心，和孩子一起克服起步阶段的困难。

孩子的学习是艰辛的，这是一个爬坡的过程，一旦上了路，对于您的家庭、对于教师，都是一件幸事。在这一过程中，教师自然要竭尽全力引领、帮助他们，如果再能得到家长的帮助，那孩子是多么幸福。养育养育，在物质条件相对富足的今天，父母责任更重要的，是教育，而不是抚养。

家校联系手册，是我和您每天交流沟通的一大桥梁，它能帮助我快速了解到，您的孩子在家里的学习、阅读、锻炼、睡觉等情况。每天给我留言的家长们，我读到了您孩子的个性和学习状态，读到了您对教师的信任、期待、建议，更读出了您对孩子强烈的责任感——正是这种责任感，把我们联系到一起。不敢奢望所有的人都能跟上。不敢奢望跟上来的人，都能坚持到底。教师能做的是，竭尽全力和问心无愧，希望家长也一样。

关于孩子们在校的事情，我想跟您说一说"多提问"。几乎所有家长都要求教师在课堂上多提问自己孩子。在时间紧、人数多的情况下，这个实施起来比较困难。如果说孩子"不提问就没有劲头学习"，那可是一个严重的问题。所以，学生取得优秀成绩所依赖的，除了天分，更多的是自控力、专注性和求知欲。这些素质，对于孩子的成长，太重要。

这学期，班级整体在写字和阅读方面有较大的进步，但孩子之间书写和课外阅读能力已经慢慢拉开了距离。平时按照要求认真规范书写每一个字的小朋友，现在可以写出一手清晰、端正的好字；课外阅读能力强的孩子现在几乎一天可以积累二十个生字，语感也越来越强。书写和课外阅读能力的提高对学习其他科目甚至孩子的一生都有极大益处，所以从下学期开始，我们会在书写和课外阅读方面加强力度，希望您重视并配合。

关于孩子们在家的事情，我也想跟您聊一聊：

1. "在家很任性"。这实在是家长应当多加研讨的事情。现在的孩子，性格成型早。希望父母高度重视，及时扭转。否则，学校教育的效果将大幅度下降。

2. 培养孩子的静气，是家长和教师的共同责任。家长要做到的是：自己先不制造噪音。以静传静，以静养静，尽量柔和地同孩子说话。当你除了叫喊，不能引起孩子注意的时候，孩子已经被你训练成"很难对付的人"了。这样的孩子，到了学校，是不能让教师的"和风细雨"对他产生作用的。

3. 如果你想让孩子喜欢你、聆听你，试着这样逼迫自己：一定让自己的语言新鲜、洁净、有趣味。如果觉得很难，那就意味着你也要试着读书了。爱读书的父母，最容易带出爱读书的孩子。更多时候，不需要你有意去培养，你津津有味的阅读，对于他就是最好的诱惑和示范。

以上是关于教育的一些小小的看法。

最后，我希望我们班的孩子以后是：第一，身心健康；第二，正直勤勉；第三，面对困难，具有独立战胜的勇气和能力；第四，成绩优秀。

具备了前三条，在学习上，孩子自会取得好成绩；即便成绩一般，也能在学术之外的领域独当一面，拥有幸福人生。如果欠缺前三条中任意一项，学习很难达到应有的高度，即便成绩幸而优秀，作为身心、人格、能力有缺陷的人，是否可以拥有广阔的前途和快乐的人生，也很值得怀疑。

如果努力，至少我们能做到前三条，至少能让孩子成为热爱书籍、精神生活充实愉快的人。那么，无论他未来学习成绩如何，我们都是最成功的教师和父母。

新年将至，感谢您的一路同行！

上路了，才有风景。让我们为此一如既往，奋斗不息！

班主任：查老师

2014 年 1 月 22 日

面朝大海，春暖花开——给二（2）班家长的第一封信

由于一年级班级人数较多，在一年级结束的那个暑假，我们经历了分班。这意味着当进入二年级时，我接手的又是一个全新的班级。在这个由来自曾经各班的学生组成的新集体里，学生需要适应，家长也需要磨合。于是，我选择在二年级伊始，就为正处于磨合适应期的家长们送上一封我的手写信，于无形中告诉家长，您的孩子交到我的手上，请您放心，而我也会站在专业的角度为您提出家庭教育方面的有效建议，我们一起面朝大海，春暖花开。

尊敬的家长朋友们：

你们好！孩子们升上二年级了，我们经历了分班，有的孩子还是跟着我，但有更多的孩子，我们是第一次相聚在一起。借此机会，我想就家庭教育的问题和大家聊一聊。

都说家长是孩子的第一任老师，都说家庭是孩子的第一所学校，那是因为家长陪伴了孩子学前六年的时光，我们的一言一行都成为孩子模仿的对象，我们的为人处事孩子都看在眼中。家长待人宽容大度，孩子绝不会斤斤计较；家长处事乐观豁达，孩子绝不会胆小怯懦。每一个孩子身上或多或少都会有家长的影子。

作为家长，我们该做些什么呢？我认为，要不断反思自身言行，竭力引领孩子健康成长。

在此，针对开学到现在班级的情况，我想表达几点个人观点，仅供家长参考。

首先，德行胜过一切。

2014年8月31日，新生报到的日子。感谢您将家中的百分之百交于我，让他成了班级的四十一分之一。也是在那一刻，我知道自己必须全力以赴，接受并悦纳每一个小小的生命。转眼间，学年大半已过，每一个孩子的秉性我早已了然于心。渐渐地，对

那些言行诚实、心地善良、勤劳礼貌、宽容大度的孩子，老师总愿意与他多说两句。即使成绩欠佳，甚至犯了错误，老师也更愿意原谅并将信任交与他。我常问自己，这是不是"偏袒"，是不是一视同仁？我给不出自己的答案，因为他的德行吸引老师，因为老师们更喜欢这样的孩子，我也不例外。与之相反，有的孩子孤傲、自私、偏执，写字时忘带橡皮，却没有一个同学愿意借给他；有的孩子小小年纪就屡次撒谎，外表的虔诚让老师没办法相信他是无辜的；有的孩子懒惰、投机取巧，次次"忘记"作业，老师不得不为这样的孩子感到惋惜，白白拥有一个聪明的脑子，慵懒、无责任心让他的智慧被埋藏。

先做人，后成事。当今社会是一个合作共赢的时代，"团队合作精神"是每一个人必备的能力。恳请家长朋友们和老师一道，帮帮我们的孩子，让他们先学会欣赏别人，自己才能取人之长补己之短，也才能变得更加优秀；先懂得尊重对方，别人才能接纳你。教会我们的孩子：先做人，再做事。家长朋友们，我们先要给孩子树立榜样，成为影响孩子的正能量。

其次，家校配合，您的孩子才能更快成长。

随着时间的推移，刚入学的新鲜劲渐渐淡去，变成了如今的懈怠和熟视无睹。每次的预习，总有孩子的课文读起来仍磕磕绊绊；每次的订正巩固，总有家长草草签字，却无视孩子的错字甚至错题没改；在老师多次强调书写的重要性后，面对孩子作业书写中的多处涂改，脏乱差的卷面，您依然没有感受，无动于衷。也许有的家长要质问：家长都管了，还要老师干什么?！请您在质问前，先要明白一个简单的道理：孩子的教育除了学校教育、社会教育，还有很重要的一个组成部分——家庭教育。曾有不少家长在茶余饭后和我闲聊中提及对老师辛苦工作的理解：我在家管一个孩子都这么难，在学校老师怎么管理班里那么多孩子呀！每每听到这样的话语，我都深表感谢：理解万岁！要知道，老师每天的工作不是只改几本作业、上两节课那么简单。早晨6点半起床到校管理早读，晚上常常备课、批改作业到七八点才回家，一天中能够坐下来的时间少之又少，这也是很多家长 QQ 给我留言我要到很久之后才能回复的原因。而作为班主任，还要处理班级各种琐碎事务，甚至周末还要为闹矛盾孩子的双方家长进行调解。所以，无论是教学还是孩子的管理，受教学计划、时间安排、个人精力所限，我们只能保障大多数孩子的跟随。请您在理解的同时，积极、认真地配合学校的教育，唯此，尽到家庭教育的义务，弥补学校教育的不足，您的孩子才能更快、更健康地成长。

最后，努力让好习惯陪伴孩子一生。

习惯决定人的一生，这绝不是妄言。哪一个家长不希望自己的孩子优秀，哪一个家长不希望自己的孩子将来能幸福地生活？如果您想留给孩子什么，那么就努力培养他的良好习惯吧！

对于小学生而言，先要有一个良好的生活习惯和学习习惯。一个将自己物品摆放整齐有序的孩子，他绝不会丢三落四，更不会出现今天找不到作业，明天丢了红领巾的现象；一个不挑食很少吃零食的孩子，他也不会三天两头生病，更不可能上课注意力不集中而总在啃手指头。家长朋友们，请反思一下，我们的孩子为什么会这样？您教会孩子整理自己的房间和物品了吗，要求他养成睡前整理作业和书包的习惯了吗？有没有在您苦口婆心、絮絮叨叨之时，孩子根本没有倾听，而是自顾自玩着自己的东西？有的孩子面对考试题目做不完，竟不感到一丝着急，更看不出有任何难过的神情。生活上的不能自理，直接带来了学习上的无责任心和不求上进，不知道为谁学习，更不知道为什么学习，何谈如何努力学习！

诚然，我不敢保证现在有优异的成绩就能在未来生活富足，但我敢说，一个拥有良好个性品质和习惯的孩子，将来一定拥有寻找幸福生活的能力！

家长朋友们，当孩子出现问题时，请不要一味地责怪甚至打骂孩子，请您放慢脚步，细细反思自身的言行，找到化解问题的

等待花开的季节里守望成长

根源。让我们携手连心，一起引领我们的孩子更健康更快乐地成长！祝：

阖家幸福！

班主任：查老师

2014 年 11 月 17 日晚

脚步坚定，同向前行——给二（2）班家长的第二封信

经过一个学期的磨合，我和全新的班级以及全新的家长有了初步的彼此了解，在回顾过去的一学期我们相伴而过的活动外，我也想在他们对孩子有着怎样的希冀之上，谈谈我在班主任这个角度，对家长朋友们提出的一些可行的见解与教育方法。这既是快速帮助家长建立起对我的更大信任、对孩子更多的信心，也是促进班集体凝聚力的有效途径。

亲爱的家长朋友们：

您好！

时光荏苒，在您的鼎力支持下，我们度过了一个充实而又忙碌的学期。在孩子们的不断成长中，在你我的期盼和携手努力中，一学期又将画上一个句号了。在此，我们全体师生对每一位关心和支持学校、班级工作的家长表示衷心的感谢！

我们相聚在这个大家庭中才短短一个学期，从陌生到熟悉，从不适应到融洽，在朝夕相处中我见证了他们一点一滴的成长，感谢孩子们给予我太多的幸福馈赠。课堂上孩子们积极活跃营造欢快的气氛；缤纷多彩的大课间里，我们师生同乐玩着"跳皮筋""跳长绳"等趣味活动；为了精彩的"春晚"晚会，孩子们辛苦但认真地一遍遍排练着……当我们在一起，真是快乐无比！

我们都知道，教育就是培养孩子的优秀学习品质和良好学习习惯，要把孩子教育好，实在不是一件容易事。因此，我期望与您更加紧密合作，让您的孩子能够更加主动、全面地发展。

一、多花时间引领孩子

教育家苏霍姆林斯基说："没有时间教育孩子的家长就没有时间做人。"这句话分量很重，甚至初听有些反感，但它确实有一定的道理。我们一天匆匆忙忙地为生活而奔波，忽视了孩子的成长。"我们很忙，抽不出时间陪孩子""我们文化程度不高，教不了孩子"……这些都不是逃避教育孩子的理由。我始终觉得，即使是在旁边无声地陪伴，对孩子的学习习惯、人格品性的养成也会有很大作用。

二、培养善于学习的孩子

在今天这个素质教育的学习环境里，我们很难完全忽视孩子们的课业成绩。但是，我们不要总是将一些不切合实际的目标加在他们身上。太高的目标或不合理的期望都只会给孩子太大的压力，让孩子产生对不起父母的愧疚感。因此，家长不要把孩子的学习成绩看得太重，只要他们尽了力就好；不必总要求孩子考第一，只要今天比昨天有进步就可以了。其实，对孩子来说，打好基础和真正掌握学习方法远比学习成绩更重要。有一句格言说："我听到的会忘掉，我看到的能记住，我做过的才真正明白。"在教育孩子的过程中，这句话真的非常有效。

三、培养自主独立的孩子

该如何培养孩子自主选择的能力呢？我在这里提出五"要"和五"不要"。

五要：

1. 要教孩子"自己想办法"。从小让孩子自己去解决自己的事务。要让他们明白，任何人都别想推卸责任，让别人替他们预先规划或收拾残局。要让他们在失败中学习，不要什么都帮孩子做。可以帮助孩子分析失败的过程，帮助他们更好地自省，可以告诉他你会怎么做，以提高孩子的判断力。

2. 要把选择权留给孩子，让孩子成为自己的主人。他从自己的错误中学到的东西将比从你的正确指导中学到的多得多。

3. 要培养孩子的责任心。多指导，少批评。台湾作家刘墉说："以前我也对儿子的事安排得面面俱到，但后来我发现这其实培养了他做事不负责任的习惯。而且父母的过度包办，也让孩子变得没有礼貌、不懂得珍惜。"不要事事指使孩子，最好从正面与孩子沟通，例如：应当说"你的责任是把自己的房间整理干净"，而不是"你的房间又乱七八糟了"。当孩子没做到时，让他自己认识到自己负责的重要性。

4. 要培养孩子的好奇心，不要什么都教他们。让他自己去试，失败也没关系。

5. 要信任孩子。信任比惩罚更能够激起责任心。在微软亚洲研究院中，童欣以凡事负责而闻名。他小时候在学校犯错后，他的妈妈甚至没有一句责备的话。"这件事情已经过去了。"他的妈妈会看着儿子惊恐的眼睛，语气温和地说："你过去是一个好孩子，以后还会是一个好孩子。"童欣后来回忆说："那个晚上，妈妈给了我最好的礼物，让我一辈子都受用不尽。"

五不要：

1. 不要用太多规矩限制孩子的自由，要让孩子去做他自己喜欢做的事，让他们有一片发挥的天地。例如，孩子喜欢玩电脑，你最好不要说"不准玩电脑"，而应该告诉他，如果你的成绩足够好，或是功课做完了，就可以玩电脑，但是一周只能玩两个小时。应该把每一个"否定"变成"机会"，把自主权从你身上转移到孩子身上。这样不但能培养孩子的独立性，也会让孩子为了自己的兴趣而更加努力地做那些"必须做"的事。

2. 不要惩罚失败。可以惩罚懒惰、依赖、逃避、不负责任等不良行为，但是不要惩罚失败。失败是帮助人进步的必要的学习过程，惩罚失败可能会挫伤孩子的积极性和创造力。要鼓励孩子在失败中成长，在失败中坚强起来。

3. 不要说教。如果孩子相信了你的说教，他可能会失去判断力；如果孩子不相信说教，他可能会叛逆，或不信任你。

4. 不要生活上凡事都包办代替，应放手让孩子自己做事情。这除了可以培养孩子的独立能力以外，也可以增加他们的责任感和自信。

5. 不要过多地插手孩子的事务，剥夺孩子自己的选择权。不要想当然地认为自己为孩子安排的路才是通向成功的唯一选择。不要什么事情都说"不"，应该给孩子自主选择的机会。

二（2）班班主任：查燕霞

2015 年 2 月 8 日

拥抱彼此，共赴未来——给三（2）班家长的一封信

马上要进入三年级了，我的孩子们也从低段正式走进了中段。学生的身心发展开始变化，学习的难度和容量也有了提升，很多家长也许正处于一个教育转折期。作为班主任，我有义务关注到孩子的变化与家长的诉求，于是在三年级的最开始，我用三封书信和他们一起聊聊——三年级。

亲爱的家长朋友们：

你们好！

首先向您表示祝贺，您的孩子已顺利度过低段两年的学习生活，成了中段三年级的一名小学生！这是一件非常了不起的事情，这意味着，我们的孩子们开始步入从低年级向高年级过渡的时期，他们的身体、心理、学习都会进入发展变化的转折点和关键点。我和您将会有更多探讨、交流孩子成长的时间和契机。因此，我想和您聊一聊——三年级。

在过去的一年里，我们全班举办了热闹的元旦迎新晚会，家委会的爸爸妈妈们群策群力，为晚会的顺利开展保驾护航，引得别班羡慕连连；我们在外语节中英姿飒爽，"俄罗斯方阵"和纯手工制作的"俄罗斯坦克"一出场便叫人印象深刻；还有"六一"盛典、英语歌曲比赛、春秋游实践……孩子们活泼的个性、多才

的表现让我格外欢欣，家长们默默的付出与全力的支持也令我深深感动。进入三年级，我相信，我和您会配合得更好，在我们的共同努力下，孩子们也会得到更多更大的平台，去毫不畏惧、毫无保留地展现自己、表达自我。

那么，为什么说三年级是一个关键时期呢？这是与他们的身心发展规律有关的。一、二年级时，孩子们会更多地听从老师和父母的话，认为大人说的都是对的。而步入三年级开始，他们的自尊心和自我意识逐渐增强，思想也从单纯走向复杂；三年级的课程，似乎也一下子变得难了很多，作业量相对多了，学习方法改变了，许多事情都要靠自己的努力去解决。有很多爸爸妈妈会开始焦虑与困惑，为此，我想建议家长们注意以下三点。

第一，关注孩子的内心世界，善于把握孩子的心理，寻找更加适合你的孩子的家庭教育方法。有时候，一味责备孩子反而会更叫他们不服气，因为他们开始有了自己的判断准则，会质疑，会向我们说"不"。所以这个时候的您可以先把自己放在和孩子平等的角度，听听他们的想法与心声，用一种他们能接受的方式去处理问题。

第二，尽量多抽一些时间与孩子在一起，经常与孩子沟通，发现孩子的优势，肯定孩子的长处，同时要耐心地引导孩子正确看待自己的不足，扬长避短，取长补短。这条和第一条比较接近，也是传递"和孩子平等地站在一起"的理念。他们渴望大人们能看到他们的优点和进步，哪怕只是很小的一个点，若是我们看到了，并给予恰当的表扬与鼓励，那将对教育孩子改正不足、继续进步起到事半功倍的作用。

第三，鼓励孩子凭借自己已有的经验和能力主动学习、自主学习，以积累更多的知识、方法和成就感。这一点很重要，三年级起，老师会更多地鼓励孩子自主学习，也会通过多种教育教学途径，引导孩子主动学习、积极思考，这是培养学习兴趣、养成良好学习习惯、增强自信的关键所在。

　　我看到，我们班多数的孩子对于学习有着浓厚的兴趣，养成了良好的学习习惯，也掌握了一定的学习方法和技能；但是还有少数孩子对于学习没有热情，不能自觉主动地学习，课堂上不能控制自己的注意力，写作业磨蹭，书写随便，考试结果也不尽如人意。家长朋友们，如果您的孩子属于前者，那我非常高兴地祝贺您，这为他（她）走进三年级的学习开了一个好头；如果您的孩子还有所欠缺，那也不用着急，更不能放弃，中段年级仍然是学习习惯的形成阶段，只要我们和孩子一起做有心人，一起努力，我相信，我们一定能为孩子的成功插上翅膀。

　　让我们找准方向，坚持不懈！

　　让我们和孩子拥抱彼此，共同成长！

班主任：查老师

2015 年 9 月 26 日晚

搭建桥梁，助力成长——给四（2）班家长的一封信

　　给班级家长的第五封信，我选择的时间和出发点都跟以往很不一样。进入四年级后，我明显感觉到班里孩子们身心状态的变化之大。他们不再如一、二年级一般把老师的话当作"圣旨"，自我意识变得越来越强烈。而由自我意识带来的状态变化也表现在了班集体中角色的偏离与倒退。在一次为期两天的外出培训时间里，班里出现了比较集中的突出问题，借此机会，我向家长发出第五封信，这是一封带着我的苦恼与困惑，向家长寻求帮助的书信。

　　亲爱的四（2）班爸爸妈妈们：

　　你们好！

　　很久没有给大家写信了，今天写这封信的目的，一是自我反省，二是需要爸爸妈妈们的援助。

　　这几天由于个人原因，我不在学校，多是孩子们自己安排、完

成学习任务及组织日常活动。两天不在的时间，班级问题频出：考试糟糕、纪律卫生扣分、吵闹异常以及险些出现重大安全事故，令我感到十分震惊，也不得不反思，是否我平常的管理方式出了问题。

班主任一旦不在学校，学生的表现就大打折扣，就像紧握在手中的海绵突然得到释放，原本看似安静有序的孩子变得无视纪律，也不愿听从班干部的管理，正如群龙无首，热闹非凡。我开始思考，是不是我平时对他们管束过多，要求他们做好的方面太多，以致没有班主任的约束后，他们瞬间就把条条框框抛之脑后，随心所欲，彻底释放自我。所以，我想，接下来在管理方式上需要更注重方法与技巧，避免过多的压制与管教，半放手，让学生自己看见问题、发现问题，并尝试着站在集体的角度解决问题。

我们的孩子正处于一个易躁动、叛逆、反复的阶段，对成人的约束开始产生怀疑，并用自己的方式表示反抗：顶嘴、消极态度、对着干等；他们对周围的一切充满好奇，看到喜欢的物品的"占有欲"日趋强烈，无意识地会"拿"来占为己有；他们有心里话渐渐不愿意告诉老师和爸爸妈妈，自认为可以独当一面，自己处理与同学间的矛盾或问题；他们的自尊心日益强烈，非常抵触老师及家长的批评指责，以致学习表现始终无法前进……这些现象都是这个年龄段孩子心理发展的特点，正常，也可以理解，关键在于老师及家长的教育与引导。

我要改变、完善教育方法，我不希望他们在我在与不在时是两个样，也不想他们做很多事的目的是为我而做、为班主任而做。然而，我一个人的力量实在太单薄了，班级事务、学科事务、德育任务、学校活动，这些事情把我的时间占据得很满，有时候一忙起来，家校册也来不及批改发还，我深感抱歉。所以，我特别特别希望，爸爸妈妈们可以充当我的支援军、智囊团，帮助我，也帮助孩子：

1. 及时、尽早跟我沟通孩子在家的异常表现，电话、短信、微信、QQ、家校册、写信等，非常欢迎。

2. 改变一个想法：孩子四年级了，已经长大了，不应该再管他们了。其实不然，现在的他们正是敏感的年纪，不仅得管，还得更有效、有方法地管。

3. 在对待孩子的教育问题上，尽量转变方法，少吼少骂（因为这根本没用），针对自己孩子的问题，如写作业拖拉、丢三落四、懒惰、乱发脾气、作业乱写一气、不做漏做跳做作业等，和孩子一起制订专门的、独有的改变计划（需要孩子认可），每天坚持执行，并跟踪监督。在此，推荐胡代星妈妈制订的"粗心记录表"。

4. 重视老师提到的重点问题。如果我们单独跟您联系，跟您表明孩子最近存在的问题，如某学科薄弱、作业情况糟糕、行为习惯欠缺等，说明这个问题已出现很久，几经提醒后都没有好转，因此需要爸爸妈妈们高度重视，想办法应对，家校双管齐下。

我最怕家长跟我说一句话："孩子对我们说的话都不听，只听老师你的话。"说真的，这是个比较严重的问题，感觉爸爸妈妈已经无能为力，无计可施，只好把孩子"扔"给老师了之，其实这是家庭教育的不足或缺失。也许是从小习惯就没有帮助他养好，现在改起来，难矣。也许是爸爸与妈妈间教育理念不统一，没有找到最合适的教育方法，一边松一边严，或是一边管一边不管，这都不利于他们的进步与成长。

相伴三年（有的已近四年），可以说，我们已是彼此熟悉的老朋友了，我们之间无须客套，只须坦诚相待、表露心声。作为老师、班主任，教育这个年纪的孩子，我还有不足，需要改进、完善。同样作为家长，你们也需要更重视，找到正确的教育方法。在我们共同努力的过程中，我欢迎您对我指出问题，表示质疑，也期待您与我交流，探讨孩子的情况。

最后，衷心地祝愿我们班的孩子学有所得，学有所获，学有所乐！

近期有些烦恼、难过、困惑、孤单的查老师

2016 年 11 月 9 日

不忘初心，携手共进——给五（2）班家长的一封信

有一个很热的词叫"五年级现象"，讲的是五年级成为孩子成长变化的一个分水岭，他们的身体、外貌、行为模式、自我意识、交往与情绪特点、人生观等都会发生快速而明显的变化。"易怒、敏感、反叛"成了这个阶段的典型表现。很多家长对此表现出了担忧与焦虑，为了帮助家长消散内心的不安，更好地应对与引导孩子的正确成长，我及时地写下给家长的第六封信。

亲爱的爸爸妈妈们：

你们好！

时光如梭，一晃眼，我们牵手已近4年，在这一千多个日夜里，我们都在为同一群人而奔跑，为同一个梦而辛劳。我和你们的手紧紧牵在一起，围聚在孩子们的身边。幸福、快乐，我们一起分享，挫折、困难，大家一起担当。我们期盼着，孩子们能开心、充实地度过每一天，可蓦然回首，却发现，不知从什么时候起，他们学会顶嘴了，他们的有些课业很难再辅导了，他们掌握了一项又一项新技能，和我们不再有共同话题了……是我们老了吗？不，在我看来，这就是成长啊！

从刚入学时的稚气脸庞，每天和您都有说不完的话，到进入中段慢慢成了一个小大人，有了诸多变化，现在他们即将踏入高段的学习生活，我们期待着，他们又会有怎样的成长呢？在过去的一年中，我收到了很多来自爸爸妈妈的留言，有的觉得自己走不进孩子的内心，不知道他们每天在想些什么；有的担忧着孩子还是和低年级时一样，做事拖拉；还有的对孩子即将步入的高段学习生活充满了焦虑与不安……是啊，虽然每天和自己的宝贝朝夕相处，但我们真的紧紧抓住他们的心了吗？我们又真的了解他的动向、兴趣特长和未来目标了吗？这一次，我们一起来聊一聊

五年级。

这个年龄段的孩子刚好步入或即将步入人体生长发育第二高峰期——青春期。他们的身体、外貌、行为模式、自我意识、交往与情绪特点、人生观等都会发生快速而明显的变化。可处于这一时期的孩子即使个头长高了，心理上却还是不成熟的。也许不久后您会发现，自从孩子进入五年级以后，性格就变得越来越难以捉摸，好像总有发脾气的理由；原本乖巧可爱的他，似乎在某一天，一下子就变得不服从管教，爱顶嘴和抬杠，易怒、敏感、反叛。我们通常把这一类表现称之为"五年级现象"。

那么，如果遇到这样的情况，作为家长，我们该做些什么呢？我觉得最不可取的就是"简单镇压"。如果要求孩子不得不按照你的想法行事，学习不惹事，像个机器人那样生活，那很有可能，我们从小培养起来的独立自主的小战士，在青春期里的短短几年，就倒在了你的镇压下。

立竿见影的教育，从来都是神话；孩子慌乱服从的样子，埋藏未知的隐患。作为家长，我们要知道，如何着急都无法解决当下的问题，每个孩子最原始的内心都是有着向上欲望的，我们要给每朵花自己开放的时间。无论是学习上的难题，还是沟通上的障碍，当问题来临时，我希望您能参考以下几条"锦囊妙计"：

第一，改变现有的教育模式，用爱和耐心与孩子沟通。孩子年龄小的时候，你可以说"快写作业去！""走，我们上学去！"到了五年级这个阶段，就要停止这种"命令式"口吻。我们可以告诉孩子：你现在长大了，有一些事要自己做，需要帮助时你就说话。而我们家长可以表面上开始放手，在一旁暗中观察。

第二，正视孩子独立自主的需求，与孩子成为朋友。人与人之间，最难得的是理解，但是最重要的，是尊重。尊重是人与人之间交往的基础，没有相互尊重，就不会有愉快的相处。朋友间如此，亲人之间亦如此。孩子有反抗心理是因为他们有着强烈的独立自主的心理需求，如果家长忽视这些，总在行为和精神上加以约束，就会让问题变得越来越复杂。作为父母可以不同意孩子的想法，但是要尊重孩子发言的机会和给出的意见。

第三，减轻孩子的学习压力，"帮孩子打开另外一扇门"。孩子面临青春期，我们一定要做到让他保持健康，包括心理和生理。这个阶段很多孩子所处的环境，学习的竞争非常激烈，孩子学习压力非常大。我们可以在学习之外给予陪伴，陪他运动，如周末带着孩子出去散步、爬山、骑车、打球、游泳等。您要相信，他心情越好，学习越轻松；他越烦躁，学习状态就会受到影响。

五年级来了，愿我们都多一点关爱，少一点要求；多一点理解，少一点指责；多一点柔软，少一点强硬。不忘初心，携手共进！

和你们一起成长着的查老师

2017 年 8 月 31 日

日省吾身，把握未来——给六（2）班家长的一封信

时间过得很快，转眼间就到了小学的最后一年，在过去的五年中，随着孩子的成长与变化，我针对每一阶段的不同问题，以书信的方式给家长送上一封封"教育锦囊"，眼下觉得，似乎该说的已经都说完了。面对马上要离开小学的孩子们，我应该和家长再聊些什么呢？思来想去，我选择在家长最关心的小升初前夕，围绕小升初的话题，为他们送上最后一封"书信锦囊"。

亲爱的爸爸妈妈们：

你们好！

小学阶段的最后一封信，我想了很久，应该放在什么时间写给您最合适。写在升入六年级前？关于准备，其实每年都在表达；写在毕业前夕？我怕那样的日子太过伤感，不想以通篇的不舍作为结束。思来想去，结合家长朋友们最迫切关注的内容，这封信，

我决定写在小升初之前。

进入六年级以来，我们班大部分孩子已能适应快节奏的学习生活，我们班班风较好，孩子们求知欲较强，家长们配合度也比较高。但是班级整体偏科严重，语文、英语较好，数学和科学依旧薄弱。男孩子普遍较为幼稚，女孩子陆续发育中，心理变化较大。当然，这和他们的身心发展规律有关。令我比较担忧的是，班级中个别学生心浮气躁，被动学习，没有目标，得过且过；个别学生偏科严重，单翅飞翔，跛脚厉害，阻碍进步。

前阵子做了一个小调查，关于孩子的学习态度、习惯、能力和学习方法，您最关心什么？结果显示，关注孩子学习方法的家长最多，占到了60%。相比前几年，的确，现在大家和我交流最多的就是孩子的学习成绩。而据我观察，很多孩子学习成绩上不去，都有一个共同点，就是学习非常被动，不懂得如何去思考，没有属于自己的学习方法。这种现状对即将升入初中的孩子来说，是非常不利的。

关于小学、初中和高中的学习，曾经有人做了一个对比：

在小学，一节课上老师教你和面，作业也是和面；一节课教你擀皮，作业也是擀皮。直到教会你包饺子，考试就考包饺子。

到了初中，一节课上老师教会你包饺子，作业是回家蒸包子，考试的时候，考的是烙馅饼。这就要你学会举一反三，靠思维吃饭。

进入高中，上课时老师给你一口锅，你要煮出满汉全席！完全依靠你的自主学习能力和创造力。

这说明了什么呢？如果仅仅是为了应付考试，教什么做什么，题海战术，升入中学以后，在中学的某个阶段，成绩就会下滑，甚至跟不上。因为没有掌握学习的方法，不能主动地学习。所以，我们迈入高段年级后，更要掌握学习方法，学会主动学习。

作为语文老师，我针对如何学好语文，给大家推心置腹地提几点建议。

1. 坚持阅读，海量阅读。前段时间我关注了各个地方小升初提前批的语文题目，大多数跟古诗词、古代文学有关，所以我们在书籍的选择上可以有所侧重，经典、名著要多看，消遣类图书，少翻为妙。所谓的"作业多"不是不看书的理由，那是你动作慢、效率低，无法改变就只能恶性循环。

2. 关注习惯，关注作业。我们学习语文不是为了写诗词歌赋，也不是为了写出什么惊世骇俗的文章，我们需要的是语文带给我们的一种思维，以及这种思维所产生的理解能力。这是学好其他学科的基础，可小部分孩子连最起码的每天的家庭作业都无法正常完成。

3. 发现问题，每日提问。发现问题，是学习的起点，是一个引发学习的过程。我"逼着"孩子们每天提问，其实是倒逼他们在上课时、讲评错题时认真听并思考：老师刚才讲的我哪里还不懂，下课我一定要去问明白。任课老师都认为，这个要求对很多孩子帮助很大，但也有孩子纯粹应付，从来不问听课中的问题，问的都是稀奇古怪的课外的问题，既然课堂所讲没有问题，那考试为什么就考不好呢？所以还是没认真听讲和思考的缘故。

4. 勤于笔记，用好纠错本。学习过程中的收获如何落脚？需要进行梳理、反思和提炼，这就要用好我们的纠错本。只说语文，这学期开始，我们主要做《阅读阶梯》，这本书很好，在阅读过程中我也不断思考，提炼出了很多关于语文阅读的答题方法，我跟他们说是"套路"，没错，语文阅读题也有套路，有公式。比如：写景散文的重点句赏析（关键词+修辞手法+思想感情），叙事文章的主要内容概括（关键词+六要素），说明文的重点句赏析（说明方法+三"性"）。还有结尾的作用，首尾呼应的作用，过渡句的作用，等等。这些如果不及时记到本子上，反复读记，如何内化成自己的东西呢？从这次期中考来看，我们班阅读部分进步较大，我想，这跟纠错本的灵活使用是分不开的。

说了这么多，不外乎就是表达：语文重积累，而积累在平时。

学校里，我不管是作为语文老师还是班主任，一定会用心关注孩子们的点滴成长与变化，也会做好自我反思，及时调整教学策略，与孩子们及时谈话；也会带着孩子们"日省吾身"，做好每日学习的方法提炼与总结。那么作为家长，我觉得您也可以思考以下问题：

1. 每天花多长时间和孩子交流？
2. 严格控制孩子看电视（玩游戏）的时间了吗？
3. 帮助孩子规划课余时间了吗？
4. 有意识地培养孩子的兴趣和特长了吗？
5. 孩子的班级群信息每天都关注吗？
6. 一学期主动跟老师联系几次？
7. 知道孩子喜欢跟哪几个同学玩吗？
8. 是否经常用辱骂来惩罚孩子？

欢迎您随时与我联系！愿我们一起努力，共赴孩子的美好未来！

与你们同在的查老师

2018 年 12 月

一封书信，一颗真心

——给学生的一封信

通过和家长们集体的、私下的不同层面的沟通，家长对我的班主任工作越来越理解、支持与配合，这为我紧密良好的家校关系奠定了坚实的基础，也让我有更多的时间、信心与动力去做学生成长道路上的引路人。当我面对反复出现问题的"特质学生"、遭遇成绩下滑或产生巨变的学生，书信交流帮了我不少忙，也让我和孩子们的相处更富有温情。

书信往来

当小朋友第一次踏进小学的大门，他们就像一张张纯洁的白纸，在老师的引导下绘出各种图案与色彩。也许在成长的过程中也曾面临色彩不够鲜亮、图案不够好看的问题——变得淘气捣蛋，惹出麻烦，抑或学习不够专注，前进的步伐太小。当一切说教、批评都变得苍白无用，"书信对话"就成了最后的有力"武器"。它能最直接地触动孩子的心灵，还会用无声的语言直达家长的内心。

1. **勇敢地打败敌人**——给桐桐的一封信

桐桐：

晚上好！

查老师现在正坐在床上看书，因为觉得你最近表现得实在优异，于是老师放下书，决定给你写一封信。

桐桐，好像是从那次周日下午之后，查老师发现你变得和以前不一样了，有越来越多的任课老师告诉我：最近桐桐进步很大，上课很认真。查老师也发现，你的作业能够按时交了，上课的小动作也少了。妈妈在家校联系手册中欣喜地告诉老师：桐桐在家能够主动、认真地完成作业，学习积极性较高。

这一切对查老师来说是多么欣喜的消息啊！你长大了，开始慢慢明白学习的重要性了，但是，只有一直保持、坚持到底，那才是真正的厉害！桐桐，这条路会有很多困难，你敢挑战吗？老师相信勇敢的桐桐一定会打败这些敌人，将优秀与进步一直保持下去，对吗？

接下来，查老师很想看到桐桐坚持好好练字的身影，加油！

欢迎桐桐和妈妈给查老师回信、写信，老师时刻期待着！晚安！

爱你的查老师

2014 年 3 月 3 日

桐桐妈妈回信：

查老师：

您好！

"谢谢查老师您教我很多的知识。查老师您辛苦了。爸爸妈妈都说，我写的字很好，我会一直保持下去。"

以上是桐桐自己想出来要对您说的话。妈妈代笔。

收到您给桐的信，对于孩子、对于我们都是一个惊喜，一种鼓励。能有这样的交流方式感觉真好！谢谢！

桐桐妈妈

2014 年 3 月 4 日

2. 进步在每一天——给小熙的一封信

小熙：

你好！

现在的你应该已经进入梦乡，查老师却很想和你说说悄悄话。

开学初的你学习状态不太好，上课总是会走神，查老师把你换到中间好像也没什么效果。后来老师让你和诗雅坐在一起，看来这个决定是对的。渐渐地，你上课走神的次数少了，也能经常问同桌学习上的问题了，这是你的进步，查老师要表扬！

但是，现在的你在学习上还存在一个比较大的问题，那就是注意力不够集中，主要体现在朗读课文和写作业上。因为还不够专心，所以经常课文读好几遍还是读不流利；因为没有专心致志，所以作业写得比较慢。查老师和你说过，读课文一定要投入、集中注意力，一定不能像念经一样一个字一个字读过去，平时多听课文录音的磁带，对你会很有帮助的。另外，决不能对生字还不熟练就读课文，先把生字记到心里去再放进课文去读。记住，现在开始不能用手指着读了，会影响朗读速度的。

老师会给你时间让你按着查老师的话去做，老师相信你一定会有进步。这是一个循序渐进的过程，查老师会告诉爸爸妈妈，给你调整的时间，不要过分焦虑，一定要努力、认真、有方法地去做每一件事。

老师会和爸爸妈妈一起给你加油！

小熙，加油！

查老师

2014 年 3 月 9 日

小熙爸爸回信：

尊敬的查老师：

您好！

谢谢您的夸奖，我会好好学习，天天向上，让我的学习成绩更上一层楼的。

　　老师您辛苦了！由于我开学以来，心没有完全放在学习之中，经常上课时走神、开小差，您为了提升我的学习成绩，帮我换座，又挑同桌。我知道您工作非常忙，还在百忙之中抽时间辅导我学习，让您为我操心了。

　　我从今以后会专心致志地按照您所教给我的学习方法去学习，用我的进步来证明给您看。

　　此致

　　敬礼！

小熙爸爸代笔
2014 年 3 月 11 日

3. 21 天计划——给轩轩的一封信

轩轩：

　　晚上好！

　　今天，查老师的脑海中总盘桓着一个身影：下午预备铃响了，闹哄哄的教室中有一个小朋友最先端正坐好，那个小朋友就是你。

　　这让老师非常感动，也非常高兴。老师知道，你是一个特别懂事，也特别积极向上的孩子，很多时候的一些举动并不是自己故意要去做的，只是无意识地控制不住自己。你一定在很努力地时时提醒自己，想让自己进步，是吗？

　　改正的过程很难，还很容易忘，但是只要你有心、坚持，"坏习惯"这个敌人只要 21 天就能打败！你看，这几天你不就一直在进步吗？

　　只要 21 天，在这 21 天中，轩轩请一直提醒自己：上课认真听、作业认真做，回家主动积极先做作业，查老师和妈妈会一直在你身边给你加油的！

　　查老师相信，勇敢、聪明的轩轩一定可以打败这个敌人，加油！

接下来，期待你的表现哦！

欢迎轩轩和妈妈给查老师回信，晚安！

查老师

2014 年 4 月 7 日

轩轩妈妈回信：

查老师：

　　您好！

　　当从孩子的手中接过这封特别的来信的时候，心里觉得既意外又惊喜。打开信，看到老师写的密密麻麻的一字一句，读着读着，眼里不自禁地闪出点点泪花。心中充满了无比的感动和幸福。感动的是老师不辞辛劳，面对那么繁重的教学任务，居然还熬夜给我们写了这么一封充满爱和期望的信；幸福的是，我们轩轩有这么一位耐心负责的好老师。

　　这天放学回来，轩轩告诉我说："妈妈，我们查老师说每一个小朋友的身上都住着一个'天使'和一个'恶魔'，当'恶魔'出来掌控的时候，人的各种'坏习惯'就出来了，我想这个时候最好的办法就是让自己静下心来，请出美丽的'天使'，让'恶魔'慢慢地沉睡下去。"直到今晚，我读老师的信给他听，听完后他告诉我说："妈妈，你知道吗，上学期有一次查老师都流眼泪了，我知道是因为我们这些孩子不听话。我想，从今以后，我一定要努力控制自己，不让查老师伤心，也不让妈妈伤心，让自己身上'天使'的威力越来越强。总有一天，我会把'恶魔'的势力从我身上赶出去的。"好吧，听到这些，让我想到了孩子心目当中的童话世界。一场天使和"恶魔"的战争，在孩子的脑海里有无限的想象空间。生动、有趣而形象，相信这场仗孩子会打赢的。

　　最近几天放学回来，轩轩明显比之前有进步。就像今天傍晚，我在厨房里做饭，听到房间里传来的琅琅读书声，这一刻觉得那声音无比美妙和动听，同时也觉得特别欣慰。对孩子驱赶"恶魔"之

第二章　笔尖下的纸短情长

路也充满了信心。妈妈和轩轩之间还有个小小的约定哦，条件是，轩轩要每天积极做作业，上课认真听讲，懂事、听话、懂礼貌。我知道，这些不可能是一天两天能做好的事情，但只要坚持，每天进步一点点，相信不久的将来，天使会战胜"恶魔"的。

其实就像老师说的，道理他都懂，就是无意识地难以控制自己，再加上爸爸妈妈自己本身没有多少学问，也没有给孩子规划什么，也不懂得怎样去引导和教育孩子，平时让他随性惯了，所以"坏习惯"的养成，爸妈有很大的责任。爸爸平时工作很忙，所以这条坎坷而又充满乐趣的学习之路，要妈妈和轩轩一起走了，妈妈要学的很多很多，让我们一起学习一起成长吧。加油轩轩，加油妈妈！

由衷地希望老师多多地指导我们，再次感谢亲爱的查老师！

轩轩和妈妈

2014 年 4 月 8 日晚

心灵碰撞

1. 我们一起努力吧——给淘子的一封信

淘子，班里鼎鼎大名的"风云人物"，活泼、好动、好斗又要强，喜欢用武力解决问题，刚入小学还没半个学期，打架事件就频频发生。像这样也许会被定义成"习惯性暴力"的孩子，给他的书信对话就不能空泛谈"爱"，要根据对孩子的了解，透过现象看本质。

可爱的淘子：

你好！

总是难以忘记，家访时你打开门，甜甜地叫一声"老师好"的场景。还记得那时的你脸上满是笑容，满是期待，拉着我和王老师的手，给我们讲故事、唱歌、聊你幼儿园里发生的事。短短

等待花开的季节里守望成长

一两个小时的相处，老师觉得是那么美好，那么快乐。于是，活泼、聪明、勇敢、自信的你深深地印在了老师的脑海里。

转眼间，一个学期即将过去，在这四个月中，你成了班级中的"风云人物"，总是有小朋友跑来打你的"小报告"，总是有任课老师告诉我你的"风云事迹"。因为你的诸多行为，我也好多次忍不住对你发脾气，对你生气。老师当时想，明明这么可爱聪明的孩子，为什么有时候做的事那么可气呢？

但渐渐地，我开始明白，你并不是真的和老师"对着干"，你还小，还不会分辨所有的对与错、好与坏，很多事情你并没有恶意，有的时候你只是在做自己认为对的事情。在老师眼里，你是个非常善良、细腻而又脆弱的孩子，听老师讲到故事中的大坏蛋时你会很生气；当老师感到疲惫的时候你会跑过来抱着我甜甜地叫一声"老师"；当我批评大家不理解你时，你又会忍不住流下眼泪。而老师又何尝没有误解过你呢？现在想来，愤怒时对你发的那些火，老师该和你说声"对不起"。

你正在慢慢改变，我知道。你正在努力变优秀呢！你看，这段日子以来，你的进步多大！字越写越好了，作业越做越快了，最近，已经很少有同学来打你的"小报告"了。但是，你还要再努力一些，注意力再集中一些，再多消灭一些自己的缺点。老师相信，不用多久，你会变得更加优秀！

老师可以期待，对吗？

爱你的查老师

2014 年 5 月

2. 保护壳外的世界也很精彩——给优优的一封信

优优，是班级里艺术才华非常出众的学生，演讲、唱歌、跳舞，样样精通，但在一段时间内学习意志比较消沉，家长也表示很担心。像这样的孩子，一方面要进行面对面谈话了解孩子情绪低落的原因，另一方面也可以写一封信给她送上鼓励，表达老师对她的担忧与关心。

第二章 笔尖下的纸短情长

亲爱的优优：

你好！

不知你有没有发现，你最近的学习状态不尽如人意，作业错误较多，上课不够积极，考试成绩也退步了。老师很担心你，不知是什么原因导致你现在有点消极的状态，能敞开心扉，把自己心里的想法告诉老师吗？

我喜欢演讲时自信大方的你，喜欢唱歌跳舞时眉眼迷人的你，更喜欢课堂上大胆发言、声音洪亮的你，那样的你身后仿佛有光芒，叫人移不开眼。

但是，近期的你有点消沉，像是给自己加了层保护壳，不愿与人（尤其是老师）沟通，沉浸在自己的小世界里。原本正能量满满的你像泄了气的皮球，叫人担心。

你知道吗？态度决定一切，你的状态很容易影响自己的表现，所以我希望你尽快调整好自己的状态，有什么想法或不开心的都可以和我倾诉，我一定会帮助你的！

祝你：

天天开心！

爱你的查老师

2016 年 12 月 16 日

3. 回头看，都是成长——给小刘的一封信

小刘，我们班里最内向的孩子，不爱说话，遇事爱哭鼻子，内心很脆弱，学习也不太跟得上。这样敏感内敛的孩子，内心一定是渴望获得肯定、得到关注的。所以，在小刘稍有一点进步的时候，我找准时机，给他写了一封信，把我看到的他的进步、其他老师对他的表扬都写进信中，相信他看到一定会有所触动。

亲爱的小刘：

你好！

打开查老师给你的这封信，不知有没有一点开心、欣喜的感

觉呢？印象中这好像不是第一次给你写信了，这一次老师想和你近距离地好好聊一聊。

一转眼，你在我身边成长已经第四年了，时间过得真快呀！往事一幕幕在脑海中回放，仿佛发生在昨天。那个爱哭、不爱说话的刘刘，一眨眼工夫已经长成一个小大人啦！开学至今，我已经听到好多任课老师在我面前表扬你："小刘英语课上进步很大！""小刘数学思维题做得很好！"……真叫人欣喜！

这学期，你的语文也有了进步，写字端正多了，作文也能写一大段了！只不过，这些进步对你来说还不够，我觉得，你一定能做得更好！

我希望，接下来的你能够调整状态，甩开浮躁与消极，重新振作起来，让那个积极、认真、敢于挑战与拼搏的小刘再次回到大家身边，你说，好吗？

祝：

心想事成！

爱你的查老师

2016 年 11 月 13 日

4. 遗憾也是一种成长——给小乐的一封信

下面这封信有一点特殊，班里一个叫小乐的孩子把妈妈送给他的生日礼物——一块较为昂贵的电话手表带来了学校（当年还没有"严禁电话手表进校园"的文件要求和后续处理办法），后来手表不见了，孩子找了许久都没找到，妈妈扬言要报警，两个人的情绪都比较激动。面对这样棘手的状况，我也曾埋怨过家长有点不可理喻，但是静下心来，我不断反思：我是在进行教育行为还是宣泄我的情绪？于是，在几番搜寻无果后，我选择用真挚的语言给小乐写一封信，把对他的安慰以及如何看待这件事娓娓道来。

亲爱的小乐：

　　你好！

　　听到你手表遗失的消息，老师很为你感到伤心、遗憾！

　　听说这块手表对你很有纪念意义，你也为此多次流泪，老师特别希望能为你找到，也发动了年级老师们一起行动，愿早日找到。

　　今天给你写这封信的目的，一是安慰，二是想和你说说心里话。

　　我觉得，无论最后是否找到这块手表，你都应该向前看，调整好自己的心情与状态。老师不希望你沉浸在悲伤里，脸上也失去光彩与笑容，那会令我很难过。

　　我希望我的小乐永远是开心、乐观、积极向上的。假如最后没有找到，那只能把它当成是生命中的一个小缺憾，一次经验与教训。它以一个不完美的形式告诉你：承载纪念意义的"载体"虽然不在了，但你和妈妈之间深厚的感情永不磨灭，今后还会有越来越多富有特殊意义的纪念，真令人期待！同时，它也告诉你：每一个纪念都应该好好珍藏，放在家中，安心、放心！所以，今后这么贵重又特别的礼物，你可不能带到学校里来了，你说是吗？

　　我相信，即使最后找不回来，我的小乐一定会振作起来，与遗憾告别，去追寻生命中一个又一个新的纪念！

爱你的查老师

2016 年 12 月

5. 改变，从心开始——给小琪的一封信

　　小琪，用眼下流行的话来说——有点"佛"。学习成绩不差，但总认为自己差不多就可以了；写作水平很好，但平时会习惯性偷懒少写或不写；鼓励她学习再努力一些，但总不见起色。其实，像这样的孩子并不是真的"佛系""躺平"，没有不喜欢得到肯定、收获成功，只是在到达目的地的过程中，也许付出过努力，但因不见成效，而很容易自我放弃。我给她写信，

等待花开的季节里守望成长

就是想用文字告诉她：要么打赢困难，要么被困难击败，但最糟糕的是，被一两次困难而定义。

可爱的小琪：

你好！

不知道你会在什么情况下打开这封信，也不知道你看到这封信的心情如何，但查老师很想与你推心置腹地聊一聊。

首先我想问一个问题：你有没有觉得现在的你与上学期相比很不一样了呢？这学期，印象中老师喊你名字的次数明显超过以往，对你眼神的注目也变得频繁。我猜你定是喜欢我的关注吧，所以不断地让自己的名字在老师口中出现。

希望你能明白，这样频繁地被叫名字并不是件好事，它传达的是老师的质疑、生气、难过，甚至是无奈与愤怒。你那么聪明，定会理解其中的含义。

现在的你与上学期相比，多了份松懈、随意与无所谓，少了些坚持、努力与勇往直前。我感觉你似乎已不把自己的成绩、收获放在心上了，或者更确切地说，你给我一种"反正我总考不好，再努力都没用"的自我放弃的感觉。你要知道，查老师从来都没有放弃过你，正相反，我迫切地期待着你一天比一天好，一次比一次进步。在我看来，你的问题就在于你自己的内心。只要你想，没有什么可以阻挡你进步；只要你愿意，没有什么能遮盖你的锋芒。所以，只要你的心放平，你的态度摆端正，你的脚步踩踏实。

改变，从心开始；进步，从一点一滴中认真获取。虚心使人进步，优秀的孩子不会执着于辩解、发脾气，定是用自己的行动去证明能力和才干。在查老师心中，你是个优秀的孩子，所以你也会用自己的实力说话，对吗？

滴水穿石，铁杵成针。没有人可以随随便便成功，希望你认真对待每一份作业，做好每一件事，你的努力定不会白费！

渴望你转变的查老师

2017 年 11 月 20 日

6. 欢迎你加入我们的大家庭——给小欣的一封信

小欣，五年级才转学进来的学生，比较内向、腼腆。班级开展"谁是积分王"的积分竞赛活动，小欣获得了其中一期的"积分王"。当问她最想要什么奖励时，她说，看到我一直在给同学写信，她也想要一封我的信。于是，带着心田间淌过的丝丝暖流，我也给她送上一封手写信。

亲爱的小欣：

你好！

我一直感到遗憾，在你刚走进我们这个大家庭时，我由于生病请假，没有第一时间去你家看你，没能在你最需要的时候多关心你，好好与你交流。

但我很高兴，一年多来，我看到了你不懈的努力与持续的进步。

记得你转来学校那段时间，查老师总说你的写字和作文要加油，心思细腻的你就这样一直放在了心上，此后，每一次书写、每一篇日记，我都能发现你认真与进步的足迹。水滴石穿，现在的你给了我很大的惊喜，书写日益端正，作文也写得越来越好。

一个优秀的学生，定能统筹安排好每门学科，制订好学习目标与计划，并朝着这方向坚持到底。在我心中，你就是这样的好孩子。所以，接下来的这段时间，请你针对自己的薄弱学科进行有效复习，课堂多发言、勤思考，不仅让老师看到，也要让同学们看到你的光芒！

期待你越来越好的查老师

2017 年 11 月 26 日

等待花开的季节里守望成长

一封书信，贴近心灵

——"三位一体"成长对话

在当班主任的这几年中，随着学生年龄的不断增加，家长们也面临着各种各样的教育问题。"查老师，我一说他他就爆炸，我们没法好好对话"，"查老师，这孩子脾气太差了，一点也不懂得体谅父母"，"查老师，你能不能帮我多说说他，孩子只听老师的，我们的话听不进去"……像这样的焦虑、担忧数不胜数。而在沈校的带领下，我们亲身参与研究、实践的"三位一体"成长对话课程，给予许多亲子关系一个对话的切入口，为加强亲子沟通、走进学生心灵搭建稳固的平台与桥梁，也让我越实践越理解，越研究越透彻，帮助我更好地管理班级和培养学生。

最初的探索理解：叩响孩子的心门

最早接触"三位一体"是在 2014 年——我参加工作的第二年，那是我第一次听到"立体写作"这个词，觉得特别新鲜，也跃跃欲试。以下是我对"三位一体"成长对话最开始的理解与实践。

2014 年 8 月 28 日，新学期开学前期，学校请来了一位美女教师——张芬英老师来给大家谈一谈她的作文教学探索，这也是我第一次接触"约定作文"，听到"三位一体"立体写作这种作文模式。

夏丏尊先生说："教育上的水是什么？就是情，就是爱，教育没有了情爱，就成了无水的池，任你四方形也罢，圆形也罢，总逃不了一个空虚。"

张芬英老师认为，教育的水就是教育的灵魂，教育的灵魂就是一个情，一个爱。而她的"约定作文"便是由"爱"而生，因"爱"炫目。

何为"三位一体"立体写作？通俗点说就是，老师、学生、家长写同一样事物，用各自的视角写出不一样的"美丽"，这样的作文，一种事物，三种体会，内容的饱满度可见一斑。初看这是一种比较新颖的作文教学模式，但它与常规写作的最大不同在于，"三位一体"立体写作是与德育管理融合在一起的。

当我听到张老师为了尽快与学生变得亲密，和学生一起写"我眼中的你"时，我不禁一阵欣喜，这不正是我这个刚接新班的班主任所需要的吗？于是，在开学之后不久，我便迫不及待地想要尝试这个"法宝"。

1. 初期模式单薄，小有滋味

开学初期，由于与学生、家长都不太熟悉，"三位一体"最开始只有"一位"，便是我自己。记得当时我是这么跟学生说的："我很想尽快认识你们，你们也肯定想要尽快了解我，那我们就用一个月的时间来好好相互了解。在这一个月中，令老师印象最深刻的同学，我会用笔写一写你，还会送你一个小称号。你们也可以把观察到的我写下来。"听到老师要写自己，学生们都兴奋得不得了，开始使用"百般武艺"展现自己，而我也开始认真观察他们。

一个月的时间很快就到了，我找了一节课和他们分享"我眼中的你"。字里行间我抓住这位"主角"的外貌、事件，却只字不提他的名字，让学生边听边猜，大家睁大眼睛，竖起耳朵，唯恐漏掉一点"线索"。

现挑选几篇如下：

独立小天使——小琪

开学初来教室打扫卫生那天，你独自一人去小店帮妈妈们买洗洁精，我问："需要找个人陪你一起去吗？"你特别爽快地回答："不用，我经常帮妈妈买东西的。"从那时起我就知道，你是个特别独立自主的女孩儿。

你很有自己的想法，很爱画画，总是很有耐心地帮助同桌，对自己的管理员工作也能认真去做。

那么独立、热心的你，我每一天都能发现你不一样的优点。你就像个小天使，悄悄地走进我的心里。现在的你有了更好的状态：上课认真、发言积极，笑容灿烂、神采奕奕。希望你接下来的写作业速度能够有所提高，做个快乐并动作迅速的小天使。

旋风小子——小丁

瘦瘦高高的你皮肤白皙，眼睛清亮，是个让人过目不忘的孩子。

你喜欢数学，曾担任过数学课代表；你思维敏捷，很多其他同学要想很久的题目一到你这儿总能很快迎刃而解；你尽心尽责，管理员的工作很细微很辛苦，但你从不抱怨，认真去做；你独立自主，爸爸妈妈有事离开家几天，你把自己的生活安排得井然有序；你还反应灵活，有一次老师在教大家迎面接力时，你一下就听明白了，接棒的动作做得很到位，跑得也很快，老师不禁要送你一个称号——旋风小子！

这个称号可不是谁都能得到的哟！老师希望你把自己的热情也分一部分给语文，把学语文当成是一种享受和快乐，这样你会成长得更优秀！

多才多艺的运动健将——小航

你有着白净的皮肤，大大的眼睛，清澈的眼眸透露出你的善良以及对知识的渴望。你的运动能力特别好，投沙包、跑步、轮滑、游泳、篮球……没有一样是你不擅长的，真是一名叫人佩服的运动健将！

你的特长还不止这些呢！你优美投入的朗读叫人陶醉，你端正清爽的字迹让人感叹，你参与的舞蹈《我们一年级啦》为学校获得了荣誉，就连下象棋这样有难度的活动也不在话下。

可也许是这么多活动占据了你太多时间，或者你太热爱它们了。渐渐地，老师在课堂上搜寻不到你那渴望知识、热爱学习的双眼了，你放学回家的作业也没有像以前那样认真对待，真叫人遗憾。老师喜欢多才多艺的你，但老师更喜欢学习、活动都一样认真对待的你，那样的你才是名副其实的"多才多艺的运动健将"！

我是先读内容的，当最后把题目中送出的称号和对应的名字说出来时，全班都沸腾了，而中途早已猜出来的同学更是得意不已。大家都用善意、激动的眼光看向那位"主角"，而我也没有错过他脸上按捺不住的害羞与喜悦，这一刻，相信爱已开始传递。

2. 中途遇到瓶颈，陷入泥潭

孩子们既期待我笔下的他们，同时他们也开始"抱怨"，什么时候才能写一写我。于是一次契机，我让他们动笔写一写"我眼中的老师"。其实我也很好奇，学生眼中的我会是什么样子呢？

小涵说：

我的老师——查老师

查老师有一头乌黑发亮的秀发，她的柳叶眉细而长。我最喜欢查老师的眼睛，她笑起来，眼睛就像一轮弯弯的月牙儿。查老师有时对我们很严厉，有时又像妈妈一样关心着我们！

记得有一次，我的试卷不见了，我怎么找也找不到，我都急得快哭起来了。我想告诉查老师，可又怕查老师会在全班同学面前批评我，但最后我还是告诉了查老师，结果查老师不但没有批评我，反而温柔地说："别着急，再找一找。"后来，终于在语文课堂作业本里找到了。

我喜欢查老师，像妈妈一样的查老师！

小天说：

我眼中的你

九月一日，这是我第一天上江湾小学，读二（2）班。

一开始我的心里很紧张，老师和同学都很陌生，我一个人都不认识。我们的班主任是查老师，她有一头乌黑亮丽的长头发，一双黑黑的大眼睛，红红的嘴唇，白白的皮肤，高高的个子。老师真美丽，我第一次看到她就很喜欢。老师看到我，叫我到讲台前面问我问题，我因为紧张，回答老师问题的声音很小。老师摸摸我的脸，温柔地笑笑说："没关系，老师只是想认识一下你，回到自己的座位上去吧。"我心里很高兴，再也不紧张了。

小林说：

我眼中的你——查老师

查老师长着长长的头发，乌黑发亮。一对亮晶晶的眼睛像夜空中的星星一闪一闪。当我们不乖时，查老师会严肃地批评我们。不过平时她还是很温柔的，特别是每次抽奖的时候，她都笑眯眯的，希望我们抽个好奖。我希望查老师多笑，让大家每天都快快乐乐地上学。

……

每一篇，我都看得很认真，有时会笑出声来，有时也会对当初做得不妥的地方感到遗憾。看着这些文字，就好像他们在和我对话。那些平时很难有机会表达的话语，现在变成一字一词一句，好像有温度，我感受到了孩子们的善意与温暖。

但当我整理完孩子们交上来的作文，随之而来的问题却使我陷入了迷惑。这一叠写话本，我要不要批？写作的目的是增进师生之间的感情，为班级管理添砖加瓦，德育层面的体现是很明显的。但如果一一进行批改，圈画错别字、修改句子，这不就落入传统写作教学的俗套，又归为语文层面了吗？

这个问题一直困扰了我很久，这一叠写话本也在我办公室安放了很久，"三位一体"立体写作还没正式开展似乎就遭遇瓶颈了。

3. 最终拨开云雾，重整旗鼓

停滞不前的模式得以继续前行，得益于一次立体写作交流会。我把我的困惑提出来，希望大家帮忙解惑。而练菲菲老师的几句话点醒了我，她说，学生交上来的作文当然要批改，不批怎么反馈？立体写作还是侧重于德育，但语文和班级管理为什么不能融合在一起呢？

思考了一段时间，幡然醒悟。这么简单的问题，我怎么就走进死胡同了呢？立体写作本是为了增进学生、老师、家长之间的联系，相互之间是相通相向的，老师通过学生的写作知晓他们的视角与想法，学生通过老师的写作以及批改反馈更好地了解老师的所想与评价，彼此之间的交流密切深入，班级会日渐团结和谐，而在潜移默化中，学生的写作水平也会逐渐提高。

想通了这一点，我不再满足于初期的"二位"，甚至"一位"，我开始发动家长参与进来，让孩子们写"我眼中的自己"，爸爸妈妈也写一写他们眼中的孩子。

这就是我——小荣

我有一双大大的眼睛，有一对大耳朵，黑黑的头发。

我有好多个兴趣爱好！画画，弹钢琴，英语……

我还会干许多家务：煮饭，叠被子，整理整个家，扫地……

我非常爱我自己，我妈妈爸爸也非常爱我！

这就是我，我叫小荣。

小荣妈妈：

荣荣的变化

作为父母，我们对荣荣在这一学期的各方面表现基本满意。在不需要家长陪同的情况下能够自己完成作业，每天能够坚持按时起床并自己坐校车上下学（这一点我认为进步挺大的）。这主要归功于老师们的辛勤付出和良好教育！在此，对老师们表示衷心感谢！希望荣荣在未来的日子里保持良好成绩的同时取长补短，通过自己的努力和老师的教诲改掉自己粗心大意、上课不敢主动发言的缺点；也希望荣荣在学好知识的同时能够多承担集体、家庭责任，多关心校园、家庭及国家大事，做一个有责任感，品学兼优的好孩子，好学生！

一字一句都饱含着母亲对孩子的殷殷期盼。

除了写眼中的自己，我也想向孩子们介绍我的家乡，还想看看他们的家乡，于是我又举办了一次"我的家乡"立体写作，这一次，老师、家长、学生都拿起笔，一样的家乡，不一样的美丽。

我率先向大家介绍我的家乡——桐庐：

我的家乡——桐庐

我的家乡在桐庐，这是个风景优美、物产富饶的地方。

桐庐的旅游景点数不胜数，大奇山国家森林公园、瑶琳仙境、红灯笼外婆家、白云源、垂云通天河、严子陵钓台等。就拿风光秀丽的大奇山国家森林公园来说吧！那里树木茂盛，一年四季都有不同的鲜花竞相开放，争奇斗艳，美不胜收。

桐庐还有很多特产呢！板栗、番薯干、钟山蜜梨、钟山豆腐干、干烧子陵鱼……应有尽有！每年到了夏季，香甜可口的钟山蜜梨就上市了，只要你到桐庐来，准会吃到又新鲜又美味的蜜梨。

唐代诗人韦庄这样赞美桐庐："钱塘江尽到桐庐，水碧山青画不如。"我的家乡真是个好地方！

学生和家长也开始拿起笔回想他们的家乡。

小涵：

我的家乡

我的家乡在龙游，那是一个风景优美，物产丰富的地方。俗话说："东游西游，不如龙游。"让我印象最深刻的不仅仅是那神秘的石窟，还有那令我到现在想起来仍口水流淌不止的各种小吃。

龙游石窟你们知道吗？记得上次伯伯和爸爸带我去石窟玩，老远我们就看到"龙游石窟"四个大字。一走进山洞，就感到很阴凉。我发现看每个山洞都会有三根柱子，这三根柱子都是三角形的，好神奇啊！后来，伯伯还给我介绍了石窟的各种传说，真希望下次伯伯和爸爸还能带我再去看看。

正月里，我总是会起得很晚。但不管多晚，只要起来了，奶奶就会端上一盘热气腾腾的早点。当然了，早点中必不可少的就是我最爱的发糕。那美味的发糕啊！一口咬下去，满嘴都是奶奶的爱。

我爱我的家乡，我爱我家乡的奶奶！

小涵爸爸：

<h2 style="text-align:center">我的故乡，我的母亲</h2>

下班刚进家门，女儿就过来对我说："爸爸，我们一起写'我的家乡'吧。"听着女儿的话，隐藏在我那内心深处的思念，又跳了出来。离开故乡这么多年，一直都认为自己也算是洒脱，不会有多少想念，可现在发现，原来，那种思念，一直没有离去，而是藏得更深了。

我的故乡，没有车水马龙的喧闹声，也没有巍峨耸立的高楼大厦。一座普普通通的村庄，一群普普通通的劳动人民，这就是我的故乡，我从小成长的地方。我的故乡，有一条小河，那是一条弯弯曲曲却又充满灵性的小河，它收藏着我们童年的所有快乐。春天，我们的父辈们，会带着农具，在河堤两岸忙着他们的农活；夏天，我们会去小溪铺网捕鱼、游泳嬉戏，秋天，我们会在溪畔放牛；冬天，我们在小溪旁打雪仗……我们那快乐的笑声，总是会回荡在整个乡村。

故乡的母亲，是我人生起步的依靠，让我总是会充满怀念。

我的母亲是一个典型的农村妇女，没有多少文化，脾气也不是很好，可她却又那么的坚强。在我的记忆中，她总是忙里忙外，忙着家里的家务、忙着田里的农活。没有文化的母亲，在用她自己的教育方式，默默地影响着、教育着她的儿女。

远方的故乡，远方那永远让我思念的母亲，我对你们那无穷的思念，你们可曾收到。

　　……

关于"三位一体"立体写作，这学期走得并不太顺利，陷入泥潭、认识不清，一路磕磕绊绊。但好在领悟不晚，如今也开始步入正轨。在口头语言之外，还有这样一种独特的方式与学生进行对话；除了家访、打电话、发短信以外，还有这样一种途径和家长进行交流，这种方式值得延续下去，也希望今后能有更多的家长参与进来，将这份美丽谱写得更为绚烂！

等待花开的季节里守望成长

阶段的实践研究：开启成长的脑洞

随着学校"童年味道·三位一体成长对话课程"的不断开发与深入研究，在聆听、学习其他优秀班主任的成长对话课之后，我对"三位一体"又有了更加全面、深入的理解，它不仅仅局限在"立体写作"这个手段上，它是旨在让儿童在"同客观世界的对话、同伙伴的对话、同自己的对话"中关注自身的成长体验，书写个体的生命故事，最终实现个体道德的内化的一门德育课程。当老师、父母与孩子都处于一个共同的空间，我们期待彼此能在安全的氛围中敞开心扉，在多向的沟通中答疑解惑，在内心的认可中接受引领，从而在相互理解、相互尊重的基础上，形成道德体验和价值判断的目标。

于是，我第一次真正走入"三位一体"，亲身参与、实践与体会，开启我们自己的成长对话课。

"开脑洞"是个网络上很流行的词，指想象力丰富，超出常人。在这里我把它用为褒义词，因为从开始准备到正式上课对我来说就是一个开脑洞的过程，思维不断拓宽，颠覆。对于这堂课得以顺利完成，在此我要感谢陈莹老师的启发，练菲菲老师的帮助，还要重点感谢朱雪峰老师的全程指导。

首先，我们要了解一下"三位一体立体写作"这种课程模式，它是成长对话课的一种模式，但又不同于平常的成长对话课。它以对话为主线，以写作为抓手，要求写出真实，写出真情，写出真心，以达到家长与学生间的相互理解和尊重。去年我曾在班里开展过三位一体立体写作，重点是落实在写上，比如写"我眼中的你"，老师、学生和家长一起写，但并没有把它上成一堂课，家长的积极性也很难调动，所以那时候的我对这门课是存在很大困惑的。

那么，从二维到三维，这样的课我们应该怎么上呢？我的体会是要把握三点。

第一，准确找"点"，以小见大。我这节课的主题是亲子沟通，角色转换，从"换位思考，你我相处更好"到"光阴的故事"再到"江湾少年说系列节目之妈妈的唠叨"，大家可以看到，题目越来越小，主题越来越清晰，也说明我一改再改，终于找到了准确的、合适的"点"。万事开头难，这个"点"究竟是什么，要怎么找呢？练菲菲老师在她的精品课程中这样解释：寻找"成长过程中的'苦恼'点；成长过程中的'冲突点'；成长过程中的'敏锐'点和成长过程中的'兴趣'点"。根据我的经验，你要找的"点"越小越好，越小越好操作，思路也越清晰，同时这个"点"也应该是班级目前急需解决的、存在的热点问题，点越热，届时的交流越具体。在此我要特别推荐陈莹老师的"找点"方法：从群众中来到群众中去。她事先在班里做了一个调查：你最讨厌爸爸妈妈的什么？让学生进行罗列，从中选出所需的热点问题。所以我想老师们以后也可以用一用这个方法。

第二，情真意切，深入交流。对话是贯穿始终的，课堂交流一定要真挚、深入。这是我们班在结束这堂课后家长在班级群里的对话，我读一段家长的话："从未静心听听孩子的心声，也没有时间陪陪她，去年她经常会在我哄完薇薇后，请求我坐到她床上陪她5分钟，从未满足，今年，这样小小的要求她都不再提了，更别提陪她看场电影，逛次书店。今天整个辩论会，小琪都很拘谨，这让我觉得我真的给她自由太少了，她在乎我的一言一行，不敢表达。"念念不忘，必有回响，我想一堂课不管上得如何，能够让家长开始反思自身言行，也就成功了一半了。热点问题需要对话，需要解决，但要注意的是解决问题并不存在谁对谁错，也不是这节课非要解决不可，我们只要提供这个平台，让家长和孩子互相交流，畅所欲言就好。把自己当一个引路人，引导家长和孩子进行沟通，努力让他们了解彼此，理解对方。

这个过程中会涉及一个问题：抛出问题。围绕热点问题展开的对话不是简单的茶话会，你聊一句我说一句，教师在这过程中需要抛出层层递进的问题，让家长和孩子不断深入思考，比如我的这堂课在让孩子走近家长、理解家长的这条支线上，抛出了这4个问题："你们的爸爸妈妈有没有经常唠叨你们的学习呢?""他们在什么情况下会唠叨你的学习,他们又是怎么唠叨的呢?"当孩子开始各抒己见时转变话锋:"父母的唠叨或多或少会给我们带来压力,你们觉得这种压力对你的学习是有帮助还是没帮助呢?"最后让孩子继续思考:"家长是真的想唠叨你们,给你们压力吗?"层层递进,适时转换,孩子在引导之下也会不断深入思考。

课堂在走完两条支线,家长和孩子有了双向的理解后,我们就要把所想落到纸上,顺势进入最后一个环节:写作,这也是一堂课中占据时长比较大的环节。我设计的问题是:如果爸爸妈妈回到童年,变成了你的同桌,你会对他说些什么?我原本很担心家长和孩子写不出来,最后的展示达不到预期效果。但上下来发现其实根本不需要担心这个,家长和孩子比我想象得会说、能说,一切感触和想法都是水到渠成。这是我们班最小的一个孩子和她妈妈写的:

珍珍:

你好,我的好同桌!我很高兴你是我的同桌,看来我们真有缘分,可以坐在一起。我们一起天天向上吧,你愿意帮助我学习进步吗?让我们一起加油,一天比一天进步!

——你的同桌:小林

小林:

你好,现在我们是同桌了,让我们成为好朋友吧,一起学习,一起玩耍,一起长大。当你有什么开心快乐的事情请与我一同分享,这样你的快乐会变成双份,当你有什么烦恼与苦恼也请告诉我,我会帮你减少一半的痛苦。我愿意成为你永远的知心好友,陪伴着你,一起哭,一起笑,一起成长!

——你的同桌:珍珍

虽然孩子写得很简单,但家长和孩子之间这种真挚的互动想来也是令人动容。

第三,脑洞大开,翻转课堂。如果前两点还只是拓宽思路,这一点就需要颠覆传统了。这样的上课形式可以有很多:访谈节目、辩论会、情感茶话会等;辅助手段或环节也可以创意无限:情景剧、辩论、真情访谈、场外连线、视频录像、相册图片、互动游戏……就连表决也可以有很多方式：换座、投票、亮灯、灭灯等。你还可以在上课地点、桌椅摆放上花些心思，也需要充分利用多媒体技术。你可以完全不受平时课堂的限制，怎么有趣怎么上，怎么有创意怎么上。比如我就参照综艺节目《世界青年说》把我们班的成长对话课做成了一个系列节目：江湾少年说，每一期一个热点主题。节目现场，孩子们以情景剧表演引出问题，表决换座，据理力争；我在课前事先拍摄、剪辑好的视频和照片，如"二十年前的我和二十年后的你"的亲子对比照，在现场给了家长和孩子们莫大的惊喜，一下子拉近了他们的距离，也为他们彼此间深入的对话做好了铺垫。

深入的课堂对话：交换彼此的爱意

从聚焦"立体写作"到"三位一体"再到"成长对话"，在一次次课程实践中，我的课堂越来越回归本真，靠近心灵。在时间的静静流淌中，孩子和父母都用笔写下彼此的成长故事，用心交换彼此的爱意——你在成长，父母未曾远离。我把课堂的中心交给孩子们和他们的父母，给予他们充足的时间去表达平常从未说出口的话语。当他们面对面站在一起，或是流泪，或是微笑，又或是拥抱，我一次次真切地感受到：任何人都无法估量文字语言的力量，它带给我们心灵的碰撞、思想的交流和情感的沟通。通过书信对话的心灵洗礼，泪水启航，心却挨得更紧。

> 致我的妈妈：
>
> 　　我知道自己最近的学习状态不太好，但也不知道是什么原因，几次测验成绩都不大理想，整体都不如上个学期。我也努力了，可觉得有时候认真起来却反而变得更差了。是出于什么原因呢？是认真的方式不对还是没有上学期学习的那股劲了呢？我也很希望好好地跟你谈一谈，但总找不准时机，也似乎没有那个胆量。难道是我仅仅看中了自己想要的结果，而忽视了这个努力的

过程吗?

　　我很想调整我的状态,我不想让你失望,但总也无从下手。您能不能也不仅仅着眼于我的最终成果呢? 可以和我多一些交流,而不是以冷战、打骂来教育 (虽然现在我们都在改,但也有例外的时候)。您现在也忙,忙着自己的考试,说自己年纪大了,总也记不住,十分焦虑。我现在也很焦虑,总感觉生活充满了不确定性。但我觉得,我们应该共同渡过难关。因为我很理解您有时候对我的打骂,因为您望子成龙,希望我有个好成绩,但是我一直觉得,这个教育方式并不适合我,因为我好胜心也比较强,用这种方式您也知道,我们产生了不少冲突。可能需要时间,需要一个漫长的过程吧,但我希望您对我可以多一些肯定,在肯定完之后再说我的不足,这样也许我能更好地接受。

　　其实说太多也没有用,只有实践了才知道,因为时间是检验真理的唯一标准。我们一起努力吧!

您的儿子

2019 年 3 月

　　这是班里一个各方面都非常优秀的男孩,妈妈对他的要求比较高,于是他利用"三位一体"成长对话课的平台,借书信,把平时不敢说的心里话用文字的方式告诉妈妈。妈妈在现场看了儿子的信后,眼圈泛红,噙着泪水给儿子回信。

给我最爱的儿子:

　　关于学习状态,我们慢慢调整,不要给自己太多的压力,只要努力就好。对于妈妈来讲,你的身心健康最为重要。一次测验成绩并不能说明什么,你已经很棒了,我们共同努力朝好的方向发展。

　　妈妈知道你是一个很要强、很优秀的孩子,从小到大没用父母过多地操心。我和你爸爸没有给你过多言语上的表扬,只是怕你控制不好,容易骄傲。对于你信上提出的几点,我们可以互相监督,努力改正。妈妈还是希望,你有心里话、有任何想法能及时和爸爸妈妈沟通，这样可以让我们互相了解，更好、更快地解决问题，共同进步。

在这里，妈妈也对你提出几点要求，希望你在接下来的日子里，自身不好的习惯能自己纠正过来，合理安排时间。我们今年还有一个共同的目标，那就是希望你努力坚持自我，考过钢琴十级。

千言万语不知从何说起，今晚家庭会议中，一起再好好聊聊吧！

最爱你的妈妈

2019 年 3 月

日常生活中，我们似乎听到或见到过太多自我感动式的家长，觉得自己对孩子付出了自己的全部，所以孩子就应该用最好的成绩报答父母，殊不知，这样的"付出"带给孩子的却是锁喉般的窒息感。很幸运，我的家长中没有这样的情况，但孩子们在面对父母有时带来的压力时，也曾透不过气，也想找到一个得以倾诉的机会，把自己的心里话说给爸爸妈妈听。

亲爱的妈妈：

（当您看到这封信，这就是我想对您说的秘密。）

我鼓起勇气，拿出我写字水平最好的字迹，想对您说一些话。在学习上，您十分关心我，每次我一有不会的题就借您手机，您总是让我再想想，我就马上会了。在行为习惯上，您也教了我许多，比如不能骗人，不能说脏话……每次我生病了，您总是第一时间带我去医院，自己生病时却一点也不急，我想这就是母亲吧。这份恩我一辈子也报答不了。我能做的，就是长大带你们游山玩水。

说真的，我自己十分想把成绩提高，我希望得到您的帮助。有时候我会觉得您的唠叨很烦，但只要您让我做，我还是一定会照做的。

我自己制订了一个计划，您看行不？

①每天回家早点完成作业。

②吃饭时不看电视。

③每天背 5 个新单词，复习各学科内容 20 分钟。

④坚持运动。

（看完请及时保存哦！）

您的儿子

2019 年 3 月

　　我一直认为，这是班里最乐观开朗的一个男生，平时看到他总是敞怀地笑着，似乎没有什么烦恼。可是看到他"鼓起勇气，拿出写字水平最好的字迹"，想和妈妈说一些话，我竟然莫名地生出愧疚和心疼。是呀，再阳光的孩子，内心也有渴望被理解、被肯定的时候。借着这个对话的机会，妈妈一定有很多话要和她的宝贝表达，而我也在心里告诉自己，今后要更细致地了解每个孩子，看到他们内心那处柔软的阴影。

　　亲爱的宝贝：

　　　妈妈看到你的信后真的非常感动，其实在妈妈的心里，你一直都是最棒的，你乐观开朗，为人正直善良，孝顺父母，对别人有礼貌……这些妈妈都看在眼里。我一直觉得你是上天送给妈妈最好的礼物，是妈妈最最爱的宝贝！

　　　可是儿子，你慢慢地长大了，人的一生很漫长也很短暂，现在是你学习的阶段，就像一棵树苗刚刚种好，需要不断地吸收养分才会茁壮成长。你有一个不太好的习惯，平时在学习上一遇到难题就不愿意多想一想，很多题目理解得也不够透彻，久而久之就会堆积成不良的养分。学习是辛苦的，这个妈妈非常理解，可是学习就像盖楼一样，你必须要脚踏实地地一块砖一块砖地盖，这样才会牢固。

　　　儿子，社会是现实的，我不希望你做温室里的花朵，你应该成为一个真正的男子汉，给自己制订目标，一件事一件事去做好。妈妈从来都不在乎你考几分，妈妈最在乎的是你的学习态度。你马上就要升初中了，希望你能严格要求自己，不要给自己找借口、找退路，一路冲向前方！

　　加油儿子，妈妈相信你，永远支持你！

爱你的老妈

2019 年 3 月

　　从实践来看，"书信对话"已成为班级家长和孩子都非常喜欢的一种对话方式。它给予亲子间一个隐秘的通道，平时有太多说不出口的关心、解释和表达，都暗藏在来往的书信中，随着文字流进彼此的心里。当人生走向一个又一个分岔路口，父母用最温暖的文字，会给予孩子最及时的鼓励和最坚实的信任，而这就是最好的"成长对话"。

　　亲爱的妈妈：

　　　您好！

　　小学还剩两个月就要毕业了，您已陪伴着我走过了小学中的五年半时光。风风雨雨中，我们共同走过了多少路？这五年半走得并不容易，有坎坷、有困难，还有一些由小事引出的争吵与纠纷。不论这过程是多么艰辛，多么磕磕绊绊，我们不都走过来了吗？所以我希望，在小学最后两个月里，我们一起携手共进，勇往直前！

　　我知道，我如果考上了杭外或者其他的民办学校，你们将会在我身上花费更多的金钱和精力，甚至为了供我读书，你们总会不舍得买什么东西。这些我都知道。你们对我的好，每一笔我心头都记着！所以，那双鞋我不要了。

　　你们曾对我说过："民办尽力去考就行了，考不上也没有关系，哪怕是去再差的公办中学，只要你肯用心读书，你照样能考上好的高中，好的大学！"我知道，你们很想我去博得一个民办的位置，只是不想让我有太大的压力罢了。

　　我并不抱怨什么，你们给我的已经足够多了，我也不求你们能给我其他事物。每当我提出要求时，你们总会尽量满足，哪怕是一些无厘头的要求。你们并没有很多钱，但能让我过得好。转眼间，父亲的头发早已泛白，我却仍然不怎么懂事，我无能！看

等待花开的季节里守望成长

到父亲花白的头发，我就越想努力读书，因为只有好好读书，才能创造以后的美好！

你的儿子

2019 年 3 月

我们总说，六年级的孩子尤其是男孩子，很多时候都把话藏在心里。有时候觉得他们还不懂事，有时候觉得他们没心没肺，似乎总也长不大。但其实，爸爸妈妈为他们所做的一切，他们都看在眼里，默默记在心里。而"三位一体"成长对话课堂，就是给了这些孩子一个表达爱意的机会，把爱适时地说给父母听，父母也会感受到，自己的辛苦付出没有白费，自己的孩子正健康、优秀地成长着！

轩：

看到你给妈妈写的信，突然觉得你长大了，好感动于你的懂事，也好后悔妈妈每一次冲动动手打你。以后我一定好好克制自己。

关于小升初，我们真的没有说为了安慰你才这么说。我跟你爸爸一直都认为，只要你保持爱学习的态度，公办、民办都是一样的。我们不会感到失望，你尽力就好了。你说的那双喜欢的篮球鞋，也不是妈妈舍不得钱不给你买，只是我觉得小孩子不可以有虚荣心，起攀比之风。但爸爸答应你了，肯定会满足你的。

我跟你爸爸最近也经常聊起你的学习，觉得你这一年以来，不管哪方面都比以前自觉多了。喜欢看你静静地阅读，喜欢看你认真思考奥数，喜欢看你在打球时的认真劲，希望你一直这样，健康、快乐地生活、长大。

凡事努力了就好，不要有任何压力，你永远是爸爸妈妈的骄傲！

爱你的妈妈

2019 年 3 月

最终的书信延伸：感受心灵的洗礼

在成长对话课之后，当我又重新接手低段班级时，我还在班内发起了"父母给孩子写一封信"的活动，让家长借这样一个平台，早早地把对孩子的爱写在文字里，让暖流在亲子间继续流淌，不断升温……

1. 幸福都是奋斗出来的——写给我的孩子

亲爱的宝贝：

　　现在你就坐在我的前方，爸爸看着你的后脑勺，回想你成长过程的点点滴滴，内心是感触良多、思绪万千，真不知从何说起。如果说你的童年是泡在蜜罐里，那爸爸的童年则是在水深火热中度过的。就如众多影视剧中的情节，爸爸的爷爷是个大地主，在一场轰轰烈烈的运动中变得一无所有，如果他也如影视剧中的地主那般好吃懒做，那故事情节到这就该结束了，一定没有我爸爸和我啥事了。

　　幸好他一直是一位纯朴勤劳的人儿，在狂风暴雨中开始了一根草、一片瓦、一块砖的再次创业，所以才会有了未来的未来。我的童年充满了奶奶无尽回忆的苦水，对于一个一生从未走出超过她曾经庄园土地的女人，回忆是痛苦的，但潜意识里更反映的是一部有血有肉的民族不屈抗争史，鸦片的祸害使她家道中落，从大家闺秀沦落到做我爷爷的二房童养媳；在严苛的家规面前毫无人格可言；币制的混乱导致爷爷的商队一次次地巨亏；惊心动魄地躲避日寇残忍的扫荡；无尽的水患导致灾民在庄园前泛滥；土匪流寇……每每一个故事讲完奶奶都不忘加一句虽然那时候咱家富有，但那提心吊胆的日子真不是人过的，幸亏你爷爷人心肠好，要不早死了百十回了，还会有你们……

　　失去的财富犹如浮云，它只是存在于偶尔奶奶伤心时的唠叨中，更多时奶奶还是会为新时代点赞的，没切肤之痛怎能体会人

114

人平等的可贵？奶奶常自豪地说，想当年生产队挣工分比赛，男男女女她还没输过谁。我没经历过，只能脑补那热火朝天的比赛画面，身高1.5米、体重不足80斤的奶奶迈着三寸金莲，是凭啥和一群大老爷们比赛的……就是拼着这股劲，爷爷奶奶先后把5个女儿风风光光地嫁出去了，顶着地主家的女儿的名头，爷爷奶奶是好好地"亏"了一把，大姑父是抱了一只借来的活兔子把大姑及一堆陪嫁品迎回家的，二姑父是牵了一只邻居家的羊把二姑迎回家的……而我的老爸在历经数次悔婚后硬是熬成了大龄剩男，高大帅气的我爸万般无奈下把自小体弱多病的我妈迎回了家，在改革春风的呼唤下，我姐、我、我叔叔家的宝贝儿子先后出世了。

　　至今我都难以理解在那个劳动力低下、缺医少药、物资匮乏的年代，我爸是如何凭一己之力把一家四口操持好的。在我童年的记忆里，爸爸是我晚上睡着了才会回来，醒来早已去干活的那个人，只有在早起就开始下雨的天气，爸爸才会在家里鼾声如雷地睡上一整天。所以那时候我特希望每天早晨都下雨，晴天永远是我无尽的梦魇。我妈不犯病的时候，我和姐可以每天在美美地享受完如水一般稀的玉米糊稀饭后，高高兴兴地上学去，中午拖着饥肠辘辘的身子赶回家，狠狠地喝上三大碗稀饭后，在老妈的指挥下干那穷无尽的农活。学校每次卫生检查时，老师都会特别强调一下我和姐姐不需要参加评比，因为我们的双手早已被各种植物汁液染得黑乎乎的，洗也洗不干净了。老师每每号召向我学习多劳动，我会开心地傻笑好一阵子，我劳动我光荣。可一旦我妈病得严重起来，我和姐就惨了，一日三餐自己搞定，尤其放学前下雨的时候，别的小朋友都有家长赶来送雨具，而我们几乎是冒雨往回冲的，那雨淋得我全身湿透了，所以至今我都特讨厌午时的雨。我最幸福的时光就是天黑不能干农活了，可以去奶奶家蹭饭，听比我大一点点的小叔叔吹牛，然后被老妈喊回家干家务写作业。因为自己没有上学，父亲把求学的希望全寄托在我身上，奋发读书祈求知识改变命运也成为我的梦想，那时候我看到一本书就会尽快把它读完，否则它会先成为一家人擦屁股的材料。

感恩于良好的阅读习惯，使我的视野得以无限拓展，从大学校园走进这陌生的城市，我不再困惑迷茫，工作中我以十二分的勤奋加汗水奋力拼搏，赢得了公司上下的肯定，在党组织的关怀下，我光荣地加入中国共产党。

回想一家三代人的经历，正是在永不放弃、永远奋斗的精神感召下，使自我的生活越来越幸福。儿子，当你在今天这节意义非凡的成长课程中放声大笑或哭泣，当你在堆满各类书籍的书房内尽情阅读时，又怎能体会到像我们的祖辈一样的一代代中国人努力奋斗的艰辛。但我想，随着你逐渐长大，你一定会明白前人的不易，从积贫落后、挨打欺凌的旧社会走向繁荣富强的新时代，唯有不断奋斗进取才会幸福安康。爸爸希望你能明白其中的含义。

最后，祝你拥有快乐、光明的未来。爸爸和妈妈永远都爱着你！

爱你的爸爸

2018 年秋

2. 宝贝，我想对你说——给融融的一封信

活泼可爱的小宝贝：

你好！

妈妈昨天交给爸爸一个艰巨的任务，这个任务是什么呢？就是让爸爸给你写一封信，说一说爸爸心里想对你说的话，平时你都是妈妈带，爸爸管得很少，就是吃饭、睡觉的时候才能偶尔看到爸爸，而且爸爸看到你饭粒没吃干净、吃饭跷二郎腿等不良习惯的时候，爸爸总是告诉你：粒粒皆辛苦，珍惜每一粒粮食，要吃干净；坐有个坐相、站有个站相等批评教育你的话，久了，你会觉得爸爸天天就知道批评你，从不关心你。我的宝贝，母爱就像你看到的母鸡带小鸡，妈妈始终伸开翅膀为你遮风挡雨，生怕你被雨淋着，被风吹着，被太阳晒着，等等。而父爱像一座大山，

静静地看着你长大，跌倒了，爸爸不会去扶你，因为爸爸相信，你自己会站起来，每次跌倒后自己起来，擦干眼泪拍干净身上的泥土，继续走路，都是你成长过程中的必修课。不是爸爸坏也不是爸爸不关心你，而是爸爸想让你明白，你自己的路只能你自己走，你自己必须学得坚强。

记得今年暑假我们一起去舟山玩，刚到宾馆，你就闹着非要去游泳。看着你迫不及待期盼的眼神，爸爸就同意了。当时你飞一样跑向电梯冲下去，看到泳池2米多深，你不敢下去，非让爸爸也下去陪你游泳。爸爸不下去，你只能无助地自己下去，那一刻特别是别人的父母都下去保护他们，爸爸看到了你的瞬间失落、无奈、忧伤……很快，你还是小心翼翼地下到水里，小手扶着泳池边，时不时地回头望望爸爸还在不在。游一会儿又回头，四处在人群里寻找爸爸。其实爸爸是故意走开，走得远一点，尽量让你看不到，爸爸在角落里，在人群里，静静地注视着你。别的孩子甚至比你大几岁的小男孩，都是家长全程陪同，他们在泳池里有的抱着爸爸妈妈的脖子到泳池的中央。有的由爸爸妈妈托着到泳池的中央。你只有自己在泳池里，最初扶着边沿一步不敢放手，因为一旦放手，你就会沉下去。不到半个小时，你已经可以不扶边沿，小心地沿着边沿游几下，马上又去扶着边沿，如此往复。此时你喝了不少水，但你始终没有放弃，更让爸爸诧异的是不到两个小时的时间，你居然从泳池一边，没有任何借力没有爸妈的保护，独自游到对面边沿。宽度是十几米，水深2米多，爸爸死死地盯着你，生怕你游不过去溺水。而你很坚强，有力地蹬着小腿，用力地伸开双臂尽力地朝着对岸边沿游去。当你手触摸到对岸边沿，马上转过身在人群中寻找爸爸，当你看到爸爸在对岸时，你开心地笑了。

爸爸看到你不停呛水却依旧朝着对岸游去的坚持，虽离你十几米，仿佛都能听到你第一次游到十几米宽的对岸扑通扑通的心跳。此刻，海边的天是那么蓝，风吹着是那么的舒服，爸爸心里是无比的欣慰，你很坚强。

　　宝贝，爸爸还有很多很多的话想对你说，以后时间还长。你很聪明，动手能力也很强。你今年八岁，已经会烧饭洗碗，自己的衣服也会洗，自理能力也很强。但是你爱动，静不下来，今后好的方面坚持不断提升，不足的地方虚心向老师学习，逐步提升。爸爸妈妈相信，你会越来越优秀！同时你也要认真学习，严格要求自己，努力做一个对社会有用的人！

　　祝你

　　天天开心，茁壮成长！

爱你的爸爸
2020 年 11 月 3 日

3. 一封家书——写给儿子的信

在成长对话课堂中，我的家长这样对孩子诉说期待。

亲爱的浩浩：

　　你好！

　　在你成长的每一天里，期望你都是健康、快乐的。

　　作为父母，我们将尽自己最大的努力，去争取为你创造一个良好的成长环境。也希望你在一个好的环境里，能培养出更好的品质。

　　浩浩，人的一生总在为不同的目标而努力，我们希望你有自己的人生理想及目标，并有一颗为之奋斗的心。当然，我们会一直陪伴着你，一起锻炼身体，一起学习，共同进步。

　　看到你的成长和进步，我们心里比谁都开心；但看到你有时动作较慢，还容易生气，我们也会很难过、着急。就让爸妈和你一起努力，保持我们的进步，改善我们暂时的缺点。

　　浩浩，我们知道，你最近一直渴望证明并提高自己，并且为此付出了许多努力，也取得了不小的成绩。你能这么想、这么做非常好，我们为你成长的每一步感到骄傲！同时，爸爸妈妈也要告诉你，我们从不奢望你将来取得多大的成就，只愿你能以一颗善良、真诚、正直的心去对待身边的人和事，因为我们觉得那才是你人生最大的财富。

今天，我们还要再次告诉你：你是我们最珍爱的宝贝，无论何时何地，我们都永远爱你！

爱你的爸爸、妈妈

2020 年 11 月 3 日

一行评语，以心换心

——给学生的评语

　　作为班主任，每到期末给学生写评语，往往是件令人头疼的事。如何写出与上一学期相比明显不同、有增量，又能体现个性化内容的评语呢？我想这一定是很多年轻班主任或新进班主任都会感到苦恼的问题。

　　关于评语，我认为，首先要做的就是记录，不妨给每一个学生制作一个电子评语档案袋，记录下每一学期写给他的话。当你每一次更新时，曾经送给他的话马上就能跳出来，一目了然，你也能从中感受到学生的成长与变化，优点是否继续放大，不足有无变化。其次就是选择不同的评语类型，"因类施才"。如果是常规评语，那么按照优点与不足"七三开"的比例安排，对学生的优点描述一定要具体，它一定是真实、可见的，是学生看到后马上就能勾起回忆的；而对不足的描写就不能过于具体，最好是满含老师殷切希望地婉转地表达。如果是喜欢个性化的创意评语，这就比较考验班主任的创造力了。但不管如何选择，我们都要重视平时的观察与积累。

常规评语——回望版

1. 写给瑄瑄

　　都说"爱笑的女孩运气不会太差"，那像你这样既爱笑又特别上镜的女生，一定有着繁花似锦的未来。你聪明、认真，学习成绩优异；你能干、做事效率高，是老师们得力的助手；你心灵手巧、才华横溢，是班里公认的才女；你还是极具耐心、用心帮助同桌的小老师。最让我欣赏的是你现在的自信大方，曾经的大队干部落选没有把你打倒，你战胜了内心的害怕、担忧，更加用心地准备新一届竞选。那个曾因落选而哭泣的小女生，现在因为她的勇敢、努力，成为一名优秀的大队干部。希望你在未来的人生道路上时刻谨记：自信、勇敢、努力、律己！

2. 写给小涵

在我看来，你有着多重身份。你是能力突出、尽职尽责的大队干部；是一心为班级着想，说干就干的中队长。你是学习成绩优异、令大家佩服的学霸；是能唱能跳、全面发展的才女。你还是乖巧懂事、爸爸妈妈的贴心小棉袄，也是我每每想起，总会竖起大拇指的"女生典范"。但是，也许是班级管理过程中遇到的一些问题，这学期，我发现你不太开心了，每日一记总会跟我诉说你的烦恼。其实，这些都是人生道路上必经的挫折，只要你跨过这道坎，回过头看都不算什么。希望你调整心态，做最好的自己。

3. 写给滢

"笑对人生"，这个词说的就是你了。不管遇到何事，表扬也好，困难也好，你都会露出甜美的笑容，这是一种很好的人生态度。我喜欢看你笑，喜欢你在不同城市的各个角落肆意奔跑，更喜欢你身上踏实努力的这股劲儿。正是因为你的脚踏实地、勤奋努力，你从一个学习需要帮助的小女孩，一步步成长为现在同学们学习、佩服的榜样。你的作业本是那样赏心悦目，字迹是如此端正美观，即使是草稿本上的列式书写，也透露着你的认真与踏实。如果你能更自信、勇敢地多多展示自己，相信以后一定会大放异彩！

4. 写给小可

你是一个"集颜值与才华于一身"的女子，第一眼看见你，我就想：怎么会有这么好看的女孩子！后来发现，这个女孩子不仅长得美，心灵也特别美。你跟老师、同学们相处得都特别好，大方的问好配上甜甜的微笑，让人过目不忘。平时看到有同学需要帮助，你都会毫不犹豫地伸出援手。最让老师欣慰的是，相比前三年，现在的你成长了许多，对待学习更专心投入了，更能体会爸爸妈妈的用心良苦了，那个曾经因为玩得忘记回家而被严厉批评的小女孩，现在懂事多了，真好！在未来的人生道路上，希望你朝着自己的目标不断前行，越走越好！

5. 写给小航

"热情"是你的关键词，很少有像你这样，从第一眼见到现在，始终保持着积极向上的热情的孩子。你对学习热情，于是早读、课堂上都能听到你响亮的诵读声；你对老师交付的工作热情，于是每天早上和中午的卫生检查、小组收交作业、课代表任务，总能看到你积极的身影。你是这样一个积极、上进的好孩子。但我们一起来想想，为什么你的学习成绩总是时好时坏，没有比较大的提升呢？我觉得跟学习方法和良好的学习习惯有关。学习是不可能一蹴而就的，你不妨去看看班里比较稳定、踏实的同学，向他们多取取经，我相信，你一定会有所收获。

6. 写给小欣

还记得那次你获得了"每周之星"，跟我说想让我写封信给你当奖励，结果我因为忙，一拖再拖，真是不好意思。你的为人就像你的名字一样，"欣"然接受老师布置的任务和要求，努力完成自己定下的目标与承诺。于是，这学期我看到了一个踏实、认真、每项作业都用心完成的你；看到了对待学习越来越得心应手的你；还有和同学相处日益融洽的你。看着你一步步成长，一点点进步，我真为你高兴！我想，这和你有个温暖的家庭、一对关心你的父母是分不开的。接下来，你要找准自己的不足和薄弱项专攻，让自己取得更大的进步，加油！

7. 写给小姜

我在不少同学那里听说了你的聪明才智：口才好，逻辑思维清晰，说想法头头是道……但很遗憾，大部分都是我听来的，很难得能看到你在我面前、全班面前展现自己，我真想看一看啊！我知道，你是个很有想法的孩子，也很努力，知道自己字词方面比较薄弱，于是一遍又一遍地抄写，一遍又一遍地识记，这是很辛苦的，我都明白。但为什么始终成效不大呢？我觉得是方法不对，别人是"心到、眼到、口到"，我认为对你来说，还要再加一个"手到"，四管齐下，一定会有所收获。有灵气的男孩，下学期我们一起加油，让自己越来越好吧！

8. 写给越

如果用一个词形容你，我想那就是"惊艳"。在你身上，曾有很多个瞬间深深惊艳了我。西湖边秋游，你和外国友人大方流利地交谈，引来同学们羡慕的眼神；一次期末考，你四门学科总分居高不下，尤其是数学、科学，要知道，那次的试卷可不简单。还有你经常帮助你的同桌，从没见过你有半句怨言。你就像你的名字一样，"chu"存、积蓄能量，让自己变得"越"来越好，真让我感到温暖！但有两个方面我希望你能努力改变，一是大方展现自己，多多发言；二是加强锻炼，增强体质，每次因为身体不好而请假，我都会心疼的。加油！

9. 写给小琪

"腹有诗书气自华"，这句话一定能用来形容未来的你，因为你是一个酷爱阅读的孩子。在现今社会，这个品质太难能可贵了，愿你一直保持下去。很高兴，这个学期看到你对数学的兴趣大大提升，也有了很大进步，这离不开老师的鼓励，更离不开你自己的努力付出，真让我欣喜！你是一个特别善解人意的姑娘，还记得亲子游那次，你不想去，但怕我伤心，最终还是去了。我给你写信，你也特别重视，按我说的努力了好久。但有点遗憾的是，临近期末，你又懈怠了一些。看着你的语文成绩一点点下滑，我有点担忧，还有点着急。下学期我们努力，重登"宝座"，OK？

10. 写给娜

爱吐舌头的小姑娘，每次感到不好意思了、做错事了，你都会习惯性地伸出舌头，这个习惯可不好看呀！你长得漂亮、可爱，我喜欢看你笑，自信地笑。你是个全面发展的好孩子，能歌善舞，会弹钢琴，写字好看，跳绳在全区数一数二，有这么多才能特长不说，你的学习还特别扎实。因为你总是认真对待老师布置的作业和任务，速度快、效率高，质量也有保证，真是不简单！你很有灵气，但不够自信，有时还会犯粗心的毛病，这两点是你的"老大难"问题，也是我迫切想让你改正的问题，接下来我们一起努力，让自己变得更优秀吧！

11. 写给小张

我们可是认识五年的"老朋友"了，有时翻看你一年级时的照片，跟现在比变化可真大啊！变了的是长高了，更帅了，越加懂事了，不变的是你还是那么爱笑，却依然有些调皮。你在班里人缘极好，总能"一呼百应"，虽然有时拉着大伙儿在操场上玩得忘记了时间，但不得不承认，号召力是你的一大优点，这在人生道路上是非常难能可贵的。你有着这样的潜质，却很容易被身上的调皮劲儿带偏，所以，希望你能努力改正，把自己的这个能力用到正道上，发挥所长，管理班级，那我就更对你刮目相看了！

12. 写给浩

看到你我就想：这个小男孩我是真喜欢！运动场上奋勇拼搏的你打动了我；课堂上不住点头、积极发言的你感动了我；从原本写字不过关到现在能在全校书法比赛中获奖，这样努力的你惊艳了我。还有期末阶段，为了"老大难"问题——坐位体前屈的成绩不再是负数，你一有空就坚持练习，这样的你让我又心疼又欣慰。只是冰冻三尺非一日之寒，任何成功都离不开坚持不懈的努力和长久的进步，只有对自己有明确的规划，并愿意在漫长岁月中保持长久的努力，才是真正的优秀！

13. 写给"大哥"

你呀，就是想太多，"为赋新词强说愁"。这学期，我看到的你开朗活泼不少，既有"大哥"风范，又有小女生该有的甜美，这样多好呀！我喜欢你这样的性格。你看，课堂上积极发言总有你的身影；做作业认真安静，总能看到你低头的倩影；操场上尽情奔跑，留下一串串银铃般的笑声；喜欢拍照，我的相册里保存着许多你的靓照……都是美好的回忆啊！不过，你还有些小粗心，有时做作业会"马虎大王"上身，这点让我挺头疼，希望你努力，做大家从学习到品德都佩服的"大哥"！

14. 写给轩

提到你，我第一个想到的是你的笑容，对男孩子来说，这一点太宝贵了！嘴角上扬，眼睛弯成一道月牙，真是好看！爱笑的你是个全面发展的好孩子，学科成绩优异，写得一手好字，打篮球称霸全场……令老师和同学们佩服不已。还记得那次期中考试，你考了99.5分，就连柳老师都不禁赞叹："这张卷子我都不一定能考这么高！"可见，细心、认真也是你的一大优点，真是难得！但是，你还有一些不足亟待改正：易发脾气、爱哭鼻子，这要是传出去，多难为情啊！所以，不用我多说了吧？改正！

15. 写给荣荣

你说自己是"人见人爱，花见花开"，好吧，我也这么认为。一个会弹钢琴的男生，真让人想为你疯狂打call！你兼具了男生女生该有的许多优点：跑步快、书法好、有天才般的绘画水平（毕竟是全区绘画抽测的最高分啊）、唱歌好听、学习成绩优秀，还会弹钢琴，了不得，真了不得！我很欣慰，你这学期对自己的自信度稍稍提升了些，但也只是一点点，有时走过你身边，你依然会吓得跳起来，啊，真让人无奈！小王子，希望你每天都开心，越来越优秀！

常规评语——希冀版

01

最后一次给你写评语了，老师忽然也有些不舍。虽然你总是默默的样子，但不代表你身上没有光芒。对自己有自信一些，一个人对这个世界是否有价值，并不仅仅在于他有多少成就，能自信阳光地面对这个世界，把善良温暖传播给大众，也是一种价值。在学习上，老师还是希望你能找对方法，尽自己所能，不让自己留太大的遗憾，期待多年后遇到的你，脸上能带着自信和幸福的微笑！

02

一年前你刚进学校对我微笑的脸庞仿佛还在眼前，一转眼，聪慧的少女又将匆匆离去，老师真的很舍不得。这一年，我看到了你在学习上的认真踏实、优异成绩，在人际交往上的乐于助人、真诚相待，在管理上的能力出众，有条不紊，这些都是你宝贵的优秀品质。今后无论你在哪里，我都希望，你的智慧在你美好的年华中一直闪光，而我，会一直为你鼓掌，加油！

03

一转眼，六年的光阴从我们的指尖溜走了，你已然长成了一个健壮的小伙子，而我们的师生缘分也走到了尽头，得知你初中将回老家去上，也许以后大家相见的机会渺茫，老师除了祝福你未来的道路一切顺利之外，依然想把对你说了无数次的道理最后一次讲给你听：不为模糊不清的未来担忧，只为清清楚楚的现在努力。踏实走自己现在的每一步路，才能有机会达到自己憧憬的未来。加油，少年！

04

小琪，这六年来，老师看着你从一个天真可爱的小女孩长成一个亭亭玉立的姑娘，在这学期，老师看到了你的努力，并由衷地为你感到高兴。姑娘，你即将告别童年生涯，也意味着你将慢慢离开父母的庇护，独自去面对前方的困难，愿你坚强面对，努力前行。老师相信你的学习能力，如果你能坚持初心，定能收获精彩！加油，静候佳音！

等待花开的季节里守望成长

05

转眼间，六年光阴从我们的指尖溜走了，而小小的你也长成了少年模样。看到你一路的成长，老师由衷为你感到高兴和自豪。这六年来，老师对你有过鼓励，也有过责备，愿你能理解老师的一片苦心。老师知道你小小的身躯里藏着大大的梦想，希望你能坚守初心，为自己的梦想奋力奔跑，老师相信你的学习能力，期待你成为祖国的栋梁之材，静候佳音。奔跑吧，少年！

06

带着稚气，带着惊异，带着理想，带着憧憬……你就这样，即将踏进中学，跟你的朋友们一起迎接人生中最美好的时光。毕业离别在所难免，请带着你对学习、人生最坚定的信念，踏实脚步，勇敢前行。老师会给你最好的祝福，愿你在未来的道路上披荆斩棘，奋勇向前。

07

坤，最后一次给你写评语了，想来还真有些不舍。六年来，你的光芒逐渐闪现，日渐耀眼，这些都与你持续的努力分不开。现在你越来越愿意和老师沟通，也很有自己的想法，我希望到了初中，你能更坚定地付出努力，对自己有信心，遇到任何问题随时都可以回来找我，或是联系我。老师会一直为你呐喊加油！

08

兰心蕙质，妙手丹青。

沉静之中带着几分倔强，淳朴之中透着踏实。每次打开作业都能欣赏到你清秀的字体，每次批改作文都能欣赏到你清新的文笔。虽然你的言语不多，但却颇有大将之风。踏实认真的你，在学习上也取得了不错的成绩。愿你多一份大胆、主动，你的天地将更广阔、更美好！而我，会一直在你身后为你加油！

五年来，看着你有过迷茫，走过"歪路"，流过眼泪，有过欢笑，这都是人生道路上的回忆与财富，因为正视自己、反思过去会让人成长。毕业之后，有更广阔的天地等着你去创造，希望你不要畏困苦，对待学习肯下苦功，朝着目标奋勇向前。等未来的某一天，回首以往，你会感谢曾经挥洒汗水的自己。

一眨眼，以前憨厚可爱的小男孩已长成少年模样，眼神愈发坚定，脚步愈发坚实。你很清楚自己的理想是什么，也一直为之努力，这是你最大的优点。但同时，你也容易变得浮躁而影响前进的步伐。老师衷心地希望，今后的人生道路，你要更加明确自己的目标，脚步更从容、更踏实。我会一直在你身后为你加油、祝福，希望不久后的未来能听到你越来越多的好消息！

个性评语——藏头诗

（把学生姓名藏进诗里）

01

陈家有女初长成，
可爱甜美暖人心，
妮儿多才又多艺，
美丽舞姿留倩影。

等待花开的季节里守望成长

02

刘家小儿进步大，
志向初露能奋发，
恒心毅力双管下，
棒极之时人人夸。

03

卢家小儿进步大，
杭城江湾勇奋发，
乐学人生脚步稳，
赞不绝口人人夸。

04

毛家有女初长成，
清涟出泥玲珑心，
涵养不凡前程锦，
好学多才秀于林。

05

屈家小儿魅力扬，
正气风范好榜样，
浩瀚银河才干显，
强者无敌最闪亮。

06

张家小儿进步显；
启航人生脚步坚，
银河湾中显才干，
赞不绝口人人羡。

张家小儿活力足，
希望满满有进步，
乐意微笑是招牌，
帅气人生大踏步。

08

李家小儿活力显，
浩瀚银河勇争先，
天天盼你更进步，
棒极之时人人羡。

个性评语——百变版

01

褚越者，璞玉也。心极善，班中凡四十一人，鲜有心诚若彼者。每与人相交，必倾心以待，若谦谦君子。及得回应，心悦如获密。其所思所想，所见所闻，甚为广博，自有其独特之视角，只须静心领会哉……

02

汝生于书香门第，喜读书。通达明理，开朗乐观。挫折不能压骨，忧烦不使低眉。时有非常之事，亦曾处之泰然，常援疑质理，好学善守。然汝时有蹉跎之意，散惰顽甚。若不熟读圣贤之书，以致学识浅薄，泯然众人，岂不哀哉，痛哉？

03

钟摆

教室后面的钟摆

不停回转

仿佛在为你徘徊

滴滴答　滴滴答

每一声

呼唤的都是你的名字

我想对它说

钟摆啊

你能不能

慢点儿走　慢点儿走

有个小姑娘

请你等等她

04

课外阅读顶呱呱，乐于助人你最佳，时常听人把你夸，只是，只是——效率太低愁死啦！

05

坐不定，坐不定，板凳要坐十年静。动如脱兔安如子，他山攻玉凭耐性。

——《潇湘神·李晨阳》

06

坐得住，板凳十年冷。梅花香彻自苦寒，心无旁骛不走神。安下心来等。

——《忆江南·林颜菲》

07

上联：宝剑未下苦功磨，浅尝辄止，眼见时光飞逝，辜负了青春；

下联：锐锋难显真本色，随波逐流，愿你把握今天，磨砺出智慧。

横批：是金子就要闪光。

08

聪颖过人，动静皆宜

炯炯双眸，聚精会神

勤学善思，勇于表达

学优品正，堪为楷模

09

好嬉爱闹，用心不专

天真烂漫，未悟进取

千人千面，发展有异

日进为贵，静待花期

10

深藏凌云志，虚怀若谷谦。

得闲即阅览，书香满华轩。

行文有灵气，自成一家言。

做事若踏实，定会不等闲！

11

婀娜舞姿耀江湾，甜美歌喉暖人心。

此声只应天上有，洒落人间真情生。

父母栽培感恩德，前世修来缘分定。

何以报答父母恩，刻苦读书显本领。

　　李贺有诗云"十年磨一剑",如今你的剑已初露锋芒,虽然"霜刃未曾试",但老师相信待到"今日把示君"时,你必定学有所成。老师何其幸福,能拥有你这样的"才子门生"。我欣赏你"淡泊以明志"的心境。学习和作诗一样,都需要深思熟虑,一丝不苟,"天行健,君子以自强不息",老师相信,凭你的聪明才智,一定能够迅速地调整好心态,作好生活中的每一首诗。"路漫漫其修远兮",下一句是什么? 与你共勉。

13

　　百川汇海,涓涓细流倒映勤奋笑脸;

　　愚公移山,块块土石渗透坚定信念。

　　小注:假如去征服远方的群山,需要虔诚的毅力,那么你有;假如去学海的那边,需要搏击风浪的勇气,你也有;但是最让我们赞叹的是走入师生内心深处的奉献的热情,你更有。

第二章 笔尖下的纸短情长

一句感恩，以情共情

当我的孩子们即将离开校园，他们也用一封封书信表达对老师的不舍、对学校生活的留恋。而他们在信纸上用心写下的一行行文字，也将成为我最难忘的回忆……

01

致亲爱的查老师：

感谢在最美的时光遇见最美的您。

每天清晨，您早早地来到教室，面带笑容地倾听着我们的琅琅读书声。

每天课上，您挥舞着粉笔，耐心地教我们读书识字。

每天晚上，您秉烛夜战，辛苦地为我们批改作业。

您不停地参加教研活动充实自己，然后转身把更好的知识浇灌到我们身上。您累得胃痛住院，也深深地住进了我们心里。

您教我们如何写话、如何更好地表达自己，把我们教导得落落大方；您教我们守时守信，如何成为一个更好的人。

有时候您很严厉，严厉的背后其实是满满期待；有时候您笑得很美，笑容是对我们进步最大的奖励。

现在我们即将离开学校，离开您，我们的内心都是不舍。感谢您，查老师！感谢在最美好的时光遇见最美的您！

602 班全体学生
2019 年 6 月

等待花开的季节里守望成长

查老师：

　　您好！

　　六年时光弹指一挥，自二年级转到这儿，转眼间也有五年了。在这五年间，是您把我一路带大。您给了我母亲般的温暖，父亲般的呵护。除去父母，您算是我第一个人生道路上的领路人。第一个，啊，多么重要的一个啊！

　　当我初来这个班时，我还很腼腆，我一直静静地坐在座位上。突然，您叫了我一声，我怯生生地走到您面前，您跟我亲切地说着话。您并没有给我带来恐惧，而是给予了我父母般的柔和与融洽。在以后的课上，我知道您是查老师，"查老师"，多么好听、多么顺耳的称呼啊！

　　再过几十天，我们就要分别了，我再也不能上您的语文课，再也听不到您讲的有趣的各种知识。我将要离开母校，可我会永远记得：查老师是春雨，她滋润着我的心田。查老师是我永远的老师与朋友。

　　祝您：

　　幸福健康！

您的学生：小天
2019 年 6 月

亲爱的查老师：

　　您好！

　　六年的小学生活，说长不长，说短也不短。整整六年时光，就在不经意间飞走了。您的无数次教诲、无数次叮咛仿佛还萦绕在我的耳畔，铭刻在我的内心。

　　不管一个人的成就有多高，一定不仅仅是个人的付出，肯定

第二章　笔尖下的纸短情长

还有更多人在你身后默默奉献。就拿我考进杭外来说，我的付出只占了其中的一小半，而另一大半一定是老师对我的谆谆教导。我们就像一朵朵花儿，老师就如同那辛勤的园丁，只有园丁天天浇水施肥，花儿才长得高。所以，我们取得的成绩与老师是分不开的。

我模糊地记得，在我们一年级的时候，同学们由于太调皮，让您生气了。当时我发现您的眼睛泛起了泪花，这是我第一次看见老师哭泣。我们都知道，这滴眼泪是因为我们不听话而产生的，当时的我们还小，不知道什么是内疚，可是现在再回忆起来，总会自责地低下头。

在杭外考试的前几天，我由于紧张和激动，导致学习状态不佳，心情特别烦躁。特别是考试的前一天，心情浮躁到了极点，做什么事都心不在焉。这被您发现了。您当天把我叫到办公室进行了谈话，您说："这个考试的确至关重要，但你不要有太大的压力，凭你的实力是没有问题的，你只要放平心态就好。"当时，我的内心燃起了一团火，信心大增，暗下决心：考试一定要成功！考场中，最后十五分钟，我闭着眼睛回忆着之前的一幕幕，回忆着您对我说的话，展开了"殊死搏斗"，最终取得了成功。

我们在江湾小学度过了丰富而又美好的六年时光，在这六级台阶上，我们一步一步向前走，再也没有回头路。我无比珍惜这段美好的时光。在毕业之际，感谢母校，感谢每一位老师，更感谢有您，查老师。我定不会辜负您对我的期望，会在未来的人生道路上越走越稳，再创辉煌！

您的学生：坤

2019 年 6 月

第三章

当我拥有一个班级

当我拥有一个班级，我希望它变成什么样呢？

我希望，我把一棵棵幼苗种下，精心灌溉，用心施肥，土地日益肥沃，幼苗茁壮长大。在班集体这片土地上，坚实地做好"五大要素"创建工作，就是土地所需的水源与肥料，它们能充分滋养幼苗，为幼苗补给必要的营养。

我希望，在幼苗成长的过程中，多一点灿烂的阳光、吹拂的微风、潺潺的流水和啼鸣的小鸟，这就需要我们在建设班集体时再多一些用心与创意，以特色班集体建设为载体，以"三大板块"建设为支撑，呵护幼苗汲取更多的营养，快乐成长。

我更希望，每一个班主任，用主动、融通、勤思的态度去"读"孩子们，牵手岁月，在等待花开的季节里守望成长。

班集体建设之基石

我经常在思考，一个优秀的班集体，应该具备哪些要素。班级愿景、班级环境、班风班貌、管理制度、班干部……这些都很重要。但我认为，每一个班主任可以根据自己的带班需要和班级实际情况，有侧重地进行选择，逐步开展"以班主任为主导、以学生为中心"的"班集体建设几大要素"的过程积累。依我愚见，一个优秀班集体的形成必须包含这样几个要素：班级愿景、工作计划、班干部队伍、管理制度和家长力量（家委会）。

班级愿景，梦开始的地方

班级愿景是指你对所带班级、所带学生的整体构想和未来期望，它是用以衡量班集体建设情况的一根准绳，它可以结合学校的育人目标整体设置。我在新接班的第一学期初召开第一次主题班会时，就确定中队名——银河湾中队，还把设计好的标志图给全班孩子看。我告诉学生：在我眼中，他们就像宇宙银河中最耀眼的星星，我希望每个孩子都像浩瀚宇宙一般大气、大度、心胸宽广，也能像斑斓的星星一般能够在浩瀚星河中不受拘束，自由自在，最终散发出自己最耀眼夺目的光芒。这就像班级格言一样烙进学生心中，由此对学生的人格品行产生潜移默化的影响。

工作计划，脚步抵达的方向

班主任每个学期都要写《班主任工作手册》，制订自己的班级工作计划。有的班主任可能觉得计划都是务虚的东西，就是对班级愿景的具体展开，可以随便写，其实并不是这样。学校每个层级都会制订新学期的工作计划，主管学校德育工作的部门会根据集团、学校的整体工作计划制订德育工作计划，这样可以聚焦重点，把握方向。而年级组、班主任再依据德育处的工作计划撰写自己的工作计划，目标同向，意愿同心，新学期有哪些重点工作、具体要参与的活动赛事、要培养怎样的学生就一目了然了。班主任只要在相同目标、重点工作之下进行围绕本班实际的个性化的特色计划制订，甚至模板也可以借鉴上级的，我想学校是一定愿意看到这样自上而下目标一致、越往下越具体化的工作计划的。

比如学校制订的德育目标有：

①抓实德育常规，建设良好班风学风。

②推进课程实践，深化“三位一体”课程。

③探索“纯真童年”，形成德育研究氛围。

④指导家庭教育，提升家校沟通能力。

班主任管来香老师围绕以上德育目标，结合班级学情，深入思考后制订了自己的工作计划：

努力奋斗，做平淡岁月里的耀眼星辰

——502 繁星中队 2020 学年第一学期班主任工作计划　管来香

一、指导思想

本学期江湾小学 502 繁星中队将紧密围绕学校“半天学校 童年味道”的核心办学理念，牢牢把握“立德树人”这一根本任务，始终坚持“三不能”的办学思想，遵循“民族情怀 国际视野 江湾特质”的育人目标，以德育课程化建设为中心，在继续深化江湾已有德育特色的基础上，依托集团"童年味道"课题大背景，探索繁星中队"在自己能力范围内做到最好就是优秀""做自己夜空中最闪亮的星"的班级特色。力求让每一个孩子都能找到在学校学习、生活的自信。

二、班情分析

本班共有学生41人，男生21人，女生20人，其中有2位同学是本学期新转来的同学：小睿，同集团其他校区转入我校学习，对环境应该能很快适应。小茗，从其他区其他学校转来，对新学生要给予更多的关爱，使她们能更好地融入班级生活。

大多数孩子聪明活泼，有很强的可塑性。五年级的孩子逐步进入了青春期，开始关注对同伴的评价，注重和同学之间的交往。将以小组合作的学习方式使学生更好地成长。本学期，我继续把学生良好行为习惯的养成以及建设良好的班集体作为主要目标。

三、主要目标

1. 抓实德育常规，时时处处向学生进行有针对性的常规教育。建设良好班集体，关注孩子身心健康成长。

2. 紧跟学生发展中心理念，积极参加"周俊班主任工作室"的学习活动，形成"做自己夜空中最闪亮的星"班级向上氛围。

3. 学生以"做一个勇敢、正直、善良、拼搏的人"为目标要求自己。

4. 制订小干部培训计划，尽快培养一批得力助手，协助班主任做好班级工作。在开展工作的同时，培养小干部的工作能力，让他们各自发挥自己的特长。

5. 紧密家校联系，通过《家校联系手册》、电话、视频、书信、面谈、假日小队活动等形式，多方面提升家庭教育指导和家校沟通能力。只有学校教育与家庭教育有机地结合，才能更有效地管理好班级。

6. 重视后进生管理工作，落实学生"一对一"分工帮教，关心他们的成绩，关注他们的成长，以心换心、热情关爱，多表扬鼓励，使他们取得进步。

7. 认真完成学校分配的各项任务，活动、主题教育和各项竞赛。培养

第三章 当我拥有一个班级

学生的各种能力和素质。

8. 积极配合各科任教师，鼓励孩子德智体美劳全面发展，及时和各科任老师交流沟通，帮助解决各学科后进生的学习问题。着力做好防近控肥工作，运用数据，加强跟踪，以多种方式加强防控。

四、具体措施

（一）班级常规建设

对于五年级的小学生，学校的日常生活和学习还需要进一步规范，为了使学生能够适应学校的生活，这就要班主任在日常生活中能有序地引导，并且内容要近一点、小一点、实一点，时时处处向学生进行有针对性的常规教育。

充分利用班队会及晨会的时间学习贯彻《小学生日常行为规范》和《小学学生在校一日常规》，细化规范内容，以"五个学会，江湾六条"为依据，注重学生良好道德行为习惯的养成教育。注重在班级内树立各方面的良好榜样。

（二）加强班干部的建设

班干部是老师的得力助手，要切实加强班干部的能力，落实每个小干部的责任，并定期召开班干部会议，对班级大事小事进行商讨研究，及时反馈及时处理。以此带动全体同学形成一个良好的班风。

开学初进行班干部岗位竞聘活动，确保人人有岗，每个人都能体现自己的价值和荣誉感。

班干部安排表

	语文组长	数学组长	英语组长	科学组长	美术组长	卫生组长
第一组						轮流
第二组						轮流
第三组						
第四组						

	语文组长	数学组长	英语组长	科学组长	美术组长	卫生组长
第五组						
第六组						轮流
第七组						
第八组						轮流
第九组						轮流

（三）加强班级文化、规则建设

1. 开学初教室文化布置

（1）前面黑板：新学期、新起点、新目标（学校统一）

（2）墙体布置

　　　　前黑板上方：博观约取　厚积薄发

前门：

> 努力奋斗，做平淡岁月里的耀眼星辰。
> 三种品质对年轻人而言弥足珍贵。
> 具备使命担当的自觉与自信。
> 保持探索的热情与动力。
> 拥有百折不挠的执着和勇气。

后门：

> 眼有星辰大海，心有繁花似锦，胸有沟壑万千，让生命流光溢彩。
> 埋下彩蛋，给未来的自己创造惊喜。
> 以梦为马，做自己夜空中最亮的星。

外墙布置：

> 故今日之责任，不在他人，而全在我少年。
> 少年智则国智，少年富则国富；少年强则国强，少年独立则国独立。
> 少年自由则国自由；少年进步则国进步。

第三章　当我拥有一个班级

143

少年胜于欧洲，则国胜于欧洲；少年雄于地球，则国雄于地球。

红日初升，其道大光。河出伏流，一泻汪洋。潜龙腾渊，鳞爪飞扬。乳虎啸谷，百兽震惶。鹰隼试翼，风尘翕张。奇花初胎，矞矞皇皇。干将发硎，有作其芒。天戴其苍，地履其黄。纵有千古，横有八荒。前途似海，来日方长。

美哉我少年中国，与天不老！

壮哉我中国少年，与国无疆！ ——《少年中国说》〔清〕梁启超

2. 班级活动——"你追我赶、小组互助"学习币争章活动

创设优美的学习环境，激励学生积极进取，促进班集体建设不断完善。同时也为良好的班风学风创造了条件。

以小组为单位进行活动、日常行为规范争章活动，和各个科目的学习相结合。可用学习币兑换相应的奖励。

（四）班主任工作分类

1. 每天必做的事情

值日班长记录班级日记；

每日一诗；

每日一路队长（按学号开始轮流）；

每日家校批阅；

自习课管理，加强学生的自我管理能力；

放学前每日学习小结，布置家校作业，表扬学习进步的同学。

2. 每周必做的事

小组评比，评选一个优秀的卫生小组、阅读小组；

每周刊发一份作文报（尝试和孩子们一起发表）；

每周一篇随笔；

班干部每周一次会议，由班干部组织；

每周一次班会，主题由每个小组承担；

争取全校每周的流动红旗。

3. 每月必做的事

单元测试统计，表扬进步学生，给孩子提出建议；

统计一月以来作业全交名单，进行奖状表彰；

等待花开的季节里守望成长

给生日月的同学送上一份惊喜;

积极参加学校的每月活动。

(五) 加强学校与学生家长之间的多方联系

通过《家校联系手册》、电话、视频、书信、面谈、假日小队活动等形式,及时告知家长学生在校情况和应注意的事项,沟通学校、家庭、社会三者之间的关系,形成教育合力,共同促进学生的全面发展。多方面提升家庭教育指导和家校沟通能力。

(六) 配合学校组织丰富多彩的班队活动

在活动中对学生进行思想教育。同时,也促使学生提高参与意识,提高竞争能力,同时提高各方面的素质。积极开展"三位一体"成长课程,给孩子们的心灵深处留下痕迹,能激发孩子向上。

(七) 开发学生的智力潜能,让他们做学习的小主人。寓教于乐,提高他们的学习积极性,增进学习的效果

(八) 重视培养健康的心理品质

建立良好师生关系,理解学生,信任学生,宽容学生,适时对学生进行心理素质方面的教育,积极评价学生,讲究批评的艺术,多与学生进行心与心的沟通。

(九) 加强安全教育

利用晨会、集会等形式,开展安全知识教育。在平时多深入了解学生,及时发现问题,铲除隐患,确保学生安全。

给孩子们一个金色的童年。蹲下身子和学生说话,用心去交流,用欣赏的眼光寻找孩子身上的每一处闪光点。我相信,只要关爱孩子,尊重孩子,宽容孩子,我们就能找到开启学生心灵的钥匙。

班干部队伍,一路前行的力量

俗话说:"火车跑得快,全靠车头带。"要把一个班集体建设成为一个积极向上、团结友爱的集体,光靠班主任一个人的力量是办不到的,必须

要有一个坚强的领导核心，这个核心就是一批团结在班主任周围的得力班干部。这是学生进行自我教育、自我管理的良好形式，能够团结全班同学共同进步。所以为了良好班集体的形成、为了学生的发展，班级应该设立班干部；为了班主任能够减轻班级管理的压力，也应该设置班干部。

1. 低段班干部设置

在我的班级里，班干部的形成讲求一个原则：低段岗位全覆盖，中高段重点培养。如果你接手的是一个低年级的班级，学生年纪小，能力弱，但对于老师分配的任何任务都很感兴趣，哪怕只是一个跑腿的工作，他们都会积极对待。因为这个年纪的孩子会有强烈地表达自己和展现自我的欲望，他们非常在意老师把什么任务分配给了谁，他们的家长也很在意自己的孩子在班级里承担何种"管理工作"。而对班主任而言，刚接新班时，所有学生都是一样的，还没有挖掘出每个孩子的才能，也不清楚谁会更适合做班干部。你一定也希望，自己能够培养出一批热心、能干、肯干、有智慧的班干部队伍。所以，综合来看，低年级设置班干部，岗位要多，要能覆盖到每一个学生，让所有孩子都有锻炼的机会。

我在刚接手二年级班级时，在班里设置了 17 个不同岗位，共计 42 个管理员，大家都是班级的主人和管理者，都有责任和义务为班级贡献自己的一份力。班级岗位有图书角管理员、课间餐分餐员、绿植管理员、地面保洁员、早读领读员……如表 3-1 所示：

表3-1　二（2）班银河湾中队管理员分工一览表

岗位	姓名	岗位	姓名
路队长（领队）		课间餐取放员（2）	
电灯开关员		绿植管理员（2）	
电扇开关员		卫生角管理员	
图书角整理员		早读领读员	
午餐分餐员（4）		讲台整理员	
卫生小组长（4）		大课间领操员（2）	

岗位	姓名	岗位	姓名
课间餐分餐员（8）		大课间领跑员	
地面保洁员		黑板、窗帘管理员	
午餐小组长（10）			

我将班级每一项管理内容责任制到每一个人，并给他们颁发"上岗证"，给足学生作为班干部的仪式感，提高管理意识，充分调动他们的积极性。正式管理前，我还会对他们进行"岗前培训"和"试用期考核"。"岗前培训"就是给不同岗位的学生讲解作为管理员具体要做的事情和何时做；"试用期考核"为的是给学生适度的紧迫感，激发他们在自己的岗位上努力做出成绩。

一个阶段过去，我还会给管理员发布"述职卡"，利用班会时间，让每个管理员都有机会上台进行简单的"管理员述职"，并让全班同学互相评价，评选阶段"最佳管理员"，这也是班干部培养的一种有效的奖励机制。低段的学生做事容易懈怠，最需要老师和同学给予肯定的目光，他们也希望能有机会展现自己。（见表3-2）

表3-2　202班银河湾中队管理员述职卡

管理员姓名	比比谁的太阳花又多又可爱！
	我是讲台管理员。课下，我会及时整理讲台桌面，让它能一直保持整洁，也让老师们有份好心情。 ✿✿✿✿✿
	我是地面保洁员。每天我都会不定时地检查地面，发现有脏东西，我一定会及时捡起扔掉。 ✿✿✿✿✿
	被评为本周最佳管理员的同学直接得到抽奖机会一次。

2. 中段班干部设置

当学生进入中段，岗位全覆盖的管理员模式就不再适合这个年纪的学生了，班主任也已经基本了解，班级中适合担任班干部的学生。这个时候的班级需要更趋于规范、完整、独立、令人信服、能够独当一面的班干部的出现。因此，中段起，我在班级中采取"双班委管理模式"：

402班双班委岗位责任表

为了班级各项活动更有效地展开，本学期我班将实行双班委管理制度，以单双月的形式轮换，每月进行一总结，两月进行一评比，互相鞭策，互相促进。

岗位	任职人	负责内容
班长		1. 协助体育委员维持上操、站队的纪律； 2. 协同副班长维持课堂的纪律； 3. 负责喊上下课口令； 4. 全面负责班级学习、纪律、卫生、劳动等方面的事务，协调好同学之间的关系，监督其他班干部的工作，及时向老师汇报班级出现的情况。
副班长		1. 协助班长的工作，在班长不在时，代行其职责； 2. 维持班级正常学习、生活秩序，管好早读、午自修班级纪律，督促同学端正仪表。
学习委员		1. 负责自修或老师不在的情况下领读、看课外书的安排； 2. 提醒同学做好课前课后准备； 3. 协助课代表收发作业本； 4. 督促同学认真做作业，不拖拉，并提醒写字姿势。
安全委员		1. 课间活动或上下楼梯，提醒喧哗、奔跑的同学要守纪律； 2. 及时发现同学的危险行为并提醒改正； 3. 认真观察班级文明和违规行为，及时向老师汇报。

岗位	任职人	负责内容
劳动委员		1. 检查书桌、地面卫生及桌椅、抽屉摆放是否整齐； 2. 提醒值日生及时擦黑板、倒垃圾，管好课间室内地面、卫生角的卫生。
体育委员		1. 整队，路队做到"静快齐"； 2. 管理班级体育用品。
课代表	语文： 数学： 英语： 科学：	1. 督促小组长收齐作业； 2. 把作业本根据老师要求放好； 3. 注意同学学习中存在的问题，及时向任课老师反映； 4. 提醒任课老师上课。
小组长	第一小组： 第二小组： 第三小组： 第四小组： 第五小组： 第六小组： 第七小组： 第八小组：	1. 负责每天收发作业，把没有交作业的孩子的名字及时上报给学习委员； 2. 监督本组组员的学习纪律卫生。
其他管理员		

　　单双月的两套班委管理模式，既能让更多的学生参与其中，给足培养机会；又能形成良好的竞争机制，让学生在总结、比较、学习与反思中不断调整、改变与获得进步。为了两套班委能够互相学习，避免进入互相隔绝的地步，我会定期实行"双班委轮岗"制度，就是其中一套班子的成员可以申请轮换，去另一套班子里实践，一学期有一次机会，不断挖掘自己的能力。

　　除此之外，我还在班级开设了"班级议事制"，定期抽取部分学生召开小组座谈会，一起讨论近期班级的情况，进步与不足，倾听民意，更多地了解学生的想法。

3. 高段班干部设置

进入高段后，班干部的设置就更加趋于规范和常态了。之前几年里，通过多岗位锻炼和双班委制度的设立，在班级管理方面有责任心、有热情、有能力的学生已经崭露头角，班主任已经很清楚每个学生在不同方面的长处，所以，这个阶段的班委设立不再需要玩花样，只需要按流程挑选相应的学生干部，给足他们独立思考、充分展现才能的时间和空间就可以。

在进入高段刚票选完新一届的班干部之后，我会召集全新的班委组织，开一次座谈会，明确我希望在他们的带领之下班级能走到何地、他们需要做的事，以及过程中他们可能会遇到的困难和显露的不足。每个月班委要在班长的组织下自主召开一次班委月例会，回顾、总结过去的一月中每个人的工作，大家互相可以提出想法和建议，我作为班主任一般很少发言，主要是给他们提供会议室这样相对正式的场合，给足我的班委"会议组织者"的仪式感。

要给予高段学生充分的自主意识和参与意识，如班主任练菲菲老师还探索实施了班长负责制和值日班长负责制双线并轨小干部自治系统，让每一位班级成员参与其中，通过一个月的打磨，制定出班级最简练的五条班规，再结合各科老师的上课、作业要求，形成了一套约定俗成的规矩，由值日班长负责扣分、加分，由班干部进行各个项目的监督，每日公布考核分数，每周汇总，评出班级竞赛之星，每月汇总评出班级之星，最后在学期结束评比出五好学生。在此过程中，使班长与值日班长的作用最大化，人人都能参与其中，一"轨"固定，一"轨"流动，基本实现了双线负责、班级自治。

班级管理制度，无限可能的畅想

沈校经常说：写在墙上的是制度，不言而喻的是文化。我深以为然。制度是为了对人的行为起到一定的约束作用，如果能被大众所接受，这样的制度就得以实行，而能被大众所接受并奉行的制度，自然而然就形成了文化。

等待花开的季节里守望成长

1. 班级公约设置

国有国法，家有家规，班级也有班级的制度，我把它称作"班级公约"。班级公约不是班主任从网上随便下载下来贴在墙上的一张纸，它是班主任和全班学生一同思考、制定出来的，能够使同学们认可并愿意照做的班级规章制度。如果大家落实得较好，这就是班级的一种文化。

利用一次家庭作业的布置，我让全班同学都回家思考并写下自己认为非常重要的、希望同学们能够做到的班级公约。又利用一次班会，大家一起挑选梳理出公认的、能够通过的条例若干，最后现场票选、定稿。这个环节很重要，学生能够感受到自己是班级的主人，他们的意见是被重视的，因此在自主性上，班级公约就是有效的。以下出示的是我曾经所带班级的班级公约：

三（2）班班级公约

※我们的班训：团结　自信　大气　进取

※我们的口号：I can because I think I can.

（我行，因为我相信我行！）

※我们的班级公约：

①上学、上课迟到者，以及忘戴小黄帽或忘系红领巾者，奖励他为同学们背诵一首古诗词，并谈谈它的意思以及读后的感受。

②早读不认真者，奖励他做一张阅读推荐卡，在全班面前介绍。

③升旗或两操（课间操、眼保健操）不认真者，奖励他在全班面前做广播体操。

④喜欢上、下楼梯说话者，请他帮忙打扫楼梯卫生。

⑤喜欢在教室或走廊追逐打闹者，奖励模仿一动物。

⑥课桌椅没有摆放整齐者，奖励他摆放同列座位同学桌椅两次，对于主动服务者，奖励铜卡1张。

⑦座位卫生不干净者，责令重新清洁，再不干净，奖励他与班主任一同打扫。

⑧课堂上喜欢说话者，奖励他在课前讲一个小故事，朗读一篇课文。

⑨课堂上喜欢玩笔、橡皮、尺子等学具者，奖励他为班级同学表演用这些工具画出美术图案，并说出设计想法。

⑩说不文明用语、有不文明行为者，奖励背诵课文一篇。反之文明礼貌表现突出者，奖励铜卡 1 张或以上。

⑪作业做得不认真、未完成或未上交者，直接奖励做善行 5—8 件，累积相应积分卡。

⑫因违反纪律等原因给班级扣分者，请他搜集相关故事，给同学们讲故事。

注：以上奖励未完成或违反情况严重者，须从"善行条例"中自选条例完成，拿到相应善行积分卡。

发现了吗？以上班级公约中，出现了很多"奖励"，"奖励"的内容也五花八门，有做广播体操、绘画、讲故事、背诵古诗词、模仿动物等。对小学生而言，他们最不喜欢的就是直白的"批评、惩罚、严禁、不准"等字眼，这样的表述天生令人站在"弱势""被约束"的一面，令人反感。所以我和孩子们讨论出来的公约内容，既提到了大家容易出现问题的地方，又换以一种幽默风趣的表达，孩子们更喜欢也更愿意接受。公约中还提到了"善行条例"，这是我们班一致通过的在公约内容之外，提倡班级学生积极向善、辅助学生规范约束言行的补充内容：

上善若水——三（2）班善行条例

犯错不可怕，只要敢于承认错误并用真诚的善行去弥补过错，这会成为你人生中一笔宝贵的经验财富。请根据积分要求，从下面的善行条例中选择对应的几条去做吧，加油！

善行内容	善行积分卡（张）
1. 课后及放学后为班级认真摆放桌椅	2
2. 每节课后积极主动把黑板擦干净	1
3. 把讲台桌上的物品整理干净、摆放整齐	1

善行内容	善行积分卡（张）
4. 早晨提前到班，担任领读员	2
5. 早读前对班级前一天情况做一分钟点评	1
6. 协助课代表整理、收发作业本	1
7. 随时关注班级卫生，督促并协助值日生做好卫生工作	1
8. 及时给绿植浇水、晒太阳（注意区分不同浇水位置）	2
9. 早上进班后开窗通风，放学离校前关好门窗	1
10. 早读前、午餐后、放学前协助打扫包干区卫生	2

2. 奖励办法创新

小学每个阶段的奖励办法一定是不一样的，低段玩的是花样，重在吸引学生，让学生容易获得，通过一点一点的奖励去积累，换取更大的收获。对低段的孩子来说，哪怕只是一点很小的奖励，一颗糖、一张贴纸、一个小玩具，他们都会有满满的成就感。

进入中段，很可能这些小零食、小玩具不再能够吸引学生，这就需要老师玩出"名堂与创意"，把奖励的仪式感做足。奖杯、奖牌、"风云人物"评选、"年度人物评选"……这些评价办法会让学生由内而外地感到努力过程的充实与满足。

到了高段，老师要充分关注到学生的自主性和能动性，要学会适当放手，听取孩子们的意见，了解他们感兴趣的评价办法。当设置好奖项名称后，就把权力交给班干部和其他学生，放手让孩子们去参与和设计。

（1）低段——花样"攒券"

开学初我就制定了详细的奖励机制，结合班级愿景，公布兑换媒介"银河券"，并列好条目，告诉孩子们他们可以从哪些方面通过努力获得银河券：

①每天四大组黑板争星评比，当天星星最多的大组每人加一张银河券，同时争星板加星一颗；

②个人被口头表扬的得到一张银河券；

③集齐 10 张银河券得到一次抽奖机会；

④最先星星登顶的大组每人得到礼物一份；

⑤当周被评为最佳值日小组的每人得到银河券一张；

⑥表现特别突出、进步特别大的同学直接得到礼物一份。

　　班里孩子们对以上内容表现出了极大的兴趣，这也符合低段儿童的身心发展特点，他们正处于对外界事物最感兴趣的阶段，一点小奖励就能让他们"好好努力""好好表现"。因此，身为班主任就是要想出"百变花样"，不断吸引学生的注意力。当奖励办法"对他们的胃口"了，他们自然而然就能在大方向上朝着你想要的方向去努力。

　　"集齐 10 张银河券可兑换一次抽奖"，这是孩子们最好奇也最想要得到的奖励，因为结果未知，充满了神秘感。而抽奖内容有好有坏，他们可能会抽中"获得一次担任小干部的机会"，可能是"得到老师亲手折的玫瑰花一朵"，但也可能是"为大家朗读课文一篇"，甚至是"谢谢惠顾，下次再来过"……这也是在潜移默化中告诉孩子们，人生并不是一帆风顺的，要能接纳任何好的、坏的结果。

　　随着数学计算对学生日益重要以及学生对抽奖内容的兴趣缺失，我又把银河券背面印上了"1 角""2 角""5 角""1 元"的面额，请家委会购买了各种各样的礼品，明确每样礼品的不同"银河价"，学生根据"所得"自主购买相应礼品。一次作业本全对可得 1 角，家校联系本得"A+"可得 1 角，就餐光盘可得 1 角……为了"赚钱"购买自己喜欢的东西，他们要在每个方面都努力做好，如果学生某方面表现不足我也会相应扣除他们的个人所得。

　　家长告诉我，孩子把他辛苦赚的钱当成宝贝，重视得不得了，也有学生对家长说：现在终于明白了家长赚钱有多辛苦，工作不努力还会被扣钱，太不容易了。能让学生重视并一直保持兴致，相信这样的奖励机制是成功的。

　　(2) 中段——百变激励

　　进入中段，学生在学习、活动、常规表现等各方面的向上动力更是需要班主任老师的用心激励与调动。而相比一二年级，进入中段的孩子开始在各方面显露才能、崭露头角，因此，作为班主任，我们就要积极搭建各种展示、表现、竞赛和评价的平台，充分吸引不同兴趣、不同才能的孩子都能参与其中，让每一个孩子都有兴趣所致、选择所向、参与所得与体验所感。

进入三年级，班级学生对"银河券"也许已经失去了新鲜感，于是我便换了名称与玩法：集满10张铜卡可以换取1张银卡，集满10张银卡可以换取1张金卡，再集满10张金卡可以换取1张钻石卡，若能集满5张钻石卡就能换取1张银河卡。银河卡是最高级别的奖项，根据每个孩子每个月的数量、等级记录，最高的孩子可以直接提名为"月度风云人物"。是的，这里出现了一个很新鲜的称号——月度风云人物，集卡仅仅只是开始，我在班里设置的评价办法主要围绕以下三大板块开展：

　　　　每周班级"月度风云人物"提名奖（入围）

　　　　班级"月度风云人物"（个人/团体）

　　　　感动班级"年度人物"

每周的"月度风云人物"提名奖评选，是每月末"风云人物"评选的重要依据，除了集卡这一日常参考依据之外，每一周，我还会引导孩子们学会用心观察、用心付出，寻找班级里在各方面或是自身有所提升变化，或是为班集体默默付出的孩子，利用一次班会进行入围展示，让学生猜一猜入围者都是谁，自己有没有都猜对，而后再投票评选当月的"风云人物"。

正式实行提名奖评选的第一周，主要是我来选择不同的入围对象，既是给学生做好引导示范，也是让他们更加清楚，平时该在哪些方面做出好的表现。

　　★入围者1，入围理由：

　　在全班淡漠礼仪、将简单的师生问好抛到脑后时，他力挽狂澜，以一声响亮的"老师再见"唤醒了众人沉睡多时的文明礼貌，在众多候选者中脱颖而出。

★入围者2，入围理由：

相比上学期的不足，她在学期初的学习就有了质的飞跃。口算速度极速上升，写作业速度加快，写字进步很大，上课也认真了很多，在众多候选者中脱颖而出。

★入围者3，入围理由：

为人正直，态度端正，每天都保持高涨的学习状态。在全班大多数同学难以投入学习状态的时候脱颖而出，成为全班学习的模范人物。

★入围者4，入围理由：

作为叶老师的首席入室大弟子，他隐藏多年的书法才能开始展露，状态好时写字实力直逼家荣。天真的脸庞不再充满"无所谓"，朗读认真、写作业及时，他开始称霸了，你们准备好了吗？

★入围者5，入围理由：

认真、踏实、积极、主动，这是他的代名词。作为班级干部，他在管理方面展现了突出的才能，成为老师的"得力干将"；而对待学习，每一项作业完成得都非常出色，堪称楷模！

★入围者6，入围理由：

每天午餐时间，她都在教室里默默打扫卫生，风雨无阻；每次上课、写作业，她都认真踏实，而且完成得非常出色。秋游时跟外国游客交流，外国游客评价她"so sweet!"

★入围者7，入围理由：

作为我们班的"文学小才女"，她的写作实力已达到"炉火纯青"的境界，有时让老师也自叹不如！对待学习越来越自信，越来越认真，未来可期！

若是能评上"月度风云人物"，这可以成为我们班孩子最开心的事情之一，因为它的奖励方法太诱人了！（见表3-3）

表3-3　"月度风云人物"奖励办法

奖励条目	奖励内容
奖励1	为获奖者拍照留念
奖励2	和校长合影留念
奖励3	为获奖者制作精美海报，在全班展出
奖励4	获得奖励证书和颁奖词
奖励5	获得小纪念品
奖励6	载入个人电子档案
奖励7	在班级群中通报表扬

"月度风云人物"是成为"年度风云人物"的重要选择范围，获得这个称号的孩子并不一定是学习最好的、表现最突出的，但它涵盖更高级别、更丰富全面"高端"的奖励内容，深深激发了学生内心向上的渴望。（见表3-4）

表3-4　"年度风云人物"奖励办法

奖励条目	奖励内容
奖励1	奖牌一面
奖励2	颁奖词一份
奖励3	珍贵纪念品一份
奖励4	家长喜报一封
奖励5	成为当选三好学生的重要依据
奖励6	特别制作的海报一张
奖励7	记入毕业鉴定
奖励8	召开主题班会一次，予以表彰

（3）高段——多管齐下

高段的孩子慢慢地不再把"希望获得老师的表扬、感受他人的目光"作为自己表现的评价指标。很多时候老师制定的奖励办法未必是他们感兴趣的，因此，班主任要更全面地考虑到每个学生，结合不同孩子的身心需求，把评价内容设置得更为分层与有梯度。

我保留了原来的月度风云人物评选，在此基础上做了更多的拓展延伸，内容尽可能照顾到更多的孩子。板块上，聚焦学习、班干部、劳动和综合表现这几个方面，内容变得更加丰富，如先锋小作家、书写金/银/铜奖、最佳师徒组合、年度积分王、奖学金、颁发奖学金等，如表3-5所示。

表3-5　六（2）班"发现优秀"综合评选办法

类别	名称	备注
学习	冠军奖杯	大型考试总分第一名
	学习积分排行榜	半学期更新一次
	"浩瀚银河杯"奖学金	每学期颁发，获奖面约为三分之一
	学习最佳表现奖	对学习成绩进步最大同学的奖励
	最佳师徒组合	奖励在"师徒结对"中表现突出的组合
班级干部	最佳班委	由学生和任课教师投票选出
劳动	劳动明星	与月度风云人物评选挂钩
综合表现	关心集体特别奖	一学期一名
	月度风云人物	个人、团队或组合均可当选，另设入围奖
	感动班级年度人物	在月度风云人物的基础上选出
	感动班级事件	每学期一评，科任教师的事迹也可当选
	年度积分王	常规评价，每月一评，海报展示

在以上奖励评价过程中，我既关注到了学习表现突出的孩子，也看到了学习薄弱、看似"平平无奇"的孩子。根据埃里克森的心理发展八阶段理论，五、六年级的孩子希望通过自己真实的勤奋努力，获得学习和生活的信心。班主任在设置奖励名头时，就要通过换位思考，注意这些学生是否能认可、接受老师给予他的奖励，努力让他们的勤奋感大于自卑感。因此，我设置了"最佳师徒组合奖"，只要"师傅"和"徒弟"都付出了努力，就能获得奖牌；我还设置了"劳动明星""关心集体特别奖""感动班

级年度人物和事件"评选，努力让那些也许看起来"并不起眼"的孩子，能够从真实的努力中获得肯定，并以此激励他们更加奋发向上。

家委会，携手前行的后盾

当你刚接手全新的班级（可能是家长新、学生新、老师新的"三新"组合，也可能是学生和家长都已彼此熟悉，但班主任是新换的"新老搭配"），无论是有经验的老班主任，还是刚入职不久的"萌新小白"，想要在家长间快速建立起威信，搭建起"支持、配合、有效、有力"的家校沟通，家委会的建立至关重要。

1. 有效选择家委会

刚经历分班重组，现在新接的班级可谓"鱼龙混杂"。里面有一小部分我原来班里的家长，我很熟悉，其他的都是"拼装"而来的，有的我眼熟，有的我完全不了解。我猜，此时有一些家长肯定正在"缅怀"之前的班主任，因为没能分在一个班里而感到遗憾，还有一部分说不定正在家长之间悄悄了解我这个新班主任的各方面情况，平时教学风格如何，对学生好不好，努不努力，认不认真。但我相信，还有更多的家长是在做一件事——观察与观望。与其听来的，不如用自己的眼睛去看。我也是如此。

作为班主任，建立一支正确的家委会队伍，至关重要。以我的粗浅经验，不能一接班就贸然地发起"自主申报—选择安排"的流程，那很可能因为不了解导致人选不对，一着不慎满盘皆输。我记得我们当时的德育主任说过，一个成功的班主任是不需要自己忙前忙后准备班级活动的，家委会能够做好全部，你只要在活动时现身讲话就可以。对于这样的家委会班组，谁不向往呢？但是，没有平白无故为你无私奉献的家长，就像天上不会掉馅饼。我相信，一定是班主任先做好表率，让家长们看到自己在为班级、为学生付出，他们才会真心以待，你才会有更大的选择空间与把握。

开学后的前两周，班主任要做的，一是多观察，二是凡事尽可能亲力亲为。观察哪些学生有比较好的常规表现，这往往折射出的是背后的家庭；了解哪些家长平时有较为宽裕的自主时间、有较大的参与意愿、有明显的组织协调能力、有突出的文笔才华……当然，这些不可能在短短几周内就能全部摸清，所以班主任还要与家长进行多样的沟通交流。可以把你亲力亲为做的很多事巧妙地晒在班级群中，既是告诉家长你为班级做了什么，也是用来观察不同家长的反应，"有组织、领导能力"的家委往往就是这么被发现的。他们很快就会在班级中引领风向，或是为你点赞，或是感叹班级的优秀。当然，了解每个孩子背后的家庭结构、家长工作单位的确也很重要，但仅仅是作为参考。同时，你也要在开学一周后或一段时间后，尽可能地和每个家长做一次联系，比较全面地评价每个学生开学后的整体表现。这样家长们会觉得你对他们的孩子观察得很仔细、很用心，更放心把孩子交给你，你也拥有了一对一地去深入了解每个家长的机会。而往往这个时候，相比在班级大群，很多家长更愿意单独和你对话，也会表达得更多。你只须聆听与感受，你的直觉会告诉你，他适不适合家委会。

当你缩小范围，有了初步的人员选择，又以我粗浅的经验，比起时间宽裕、热心积极，以及他们不同的才能优点，你的首要考虑要素应该是家长是否真的认同、理解与支持你的带班理念，这很重要。你从接班开始，就应该有意识地把自己的治班理念与方法告诉家长，寻求他们的支持与认可。因为只有家校目标相同，道路一致，你的班级与学生才能走得更远，你的步子才能迈得更稳。其次，你要根据自己的需要，选择在不同层面最需要的人选，如班费收支、组织策划活动、摄影摄像等。

当你的班级家委会初步成立，你要尽快安排一次线下家委会会议。地点最好是班级，没有其他学生与家长，大家就围坐一圈，就像圆桌会议。会议上，你可以不着急安排每个家长的职责，让大家自己先交流（因为你在观察、初选时已然心中有数），然后你要感谢大家，表态自己会为了班级、为了孩子们做出努力，约定在你手中，这个班级有何种开花的可能。最后，真诚永远是"必杀技"，在你带班级大步向前的过程中，你希望家委会的家长们能够起到怎样的辅助作用，你可以直白地向他们提出建议。比如，当班级群中有不和谐的声音和走向时，比起老师出面，你更希望家委会的家长能够及时做好相关回复和解释；当学校举办一些活动赛事时，大家可以一起出主意，为班级的最终表现锦上添花；当遇到重要的节假日或班级定期"团建"的时候，家委可以自主策划一些活动，给孩子们更多丰富生活的可能……

如果你正巧也在为班级而努力，如果你的家委会能够和你一起，那么恭喜你，你将摆脱一半的后顾之忧，更心无旁骛地引领班级。而你的家委会，一定会在未来，给你无限的惊喜。

2. 家委会，不止家校沟通

一个成功的家委会，会在班主任带班的过程中起到何种作用呢？我想说说记忆最深的两段经历。

2014 年 9 月，我接手了全新的二年级。我的家委会里有三位爸爸，四位妈妈，他们来自各行各业，也有全职妈妈；他们性情不同，想法不一，但从不计较个人得失，也不会为了孩子跟我要所谓的荣誉。2014 年 12 月，他们一起策划了一场隆重的班级元旦迎新晚会。他们说，希望借此机会，让家长们关系更紧密，让孩子们更以班级为荣。因此，他们以个人的名义找赞助，自己策划方案，布置场地，还有采购礼品、排练节目……他们对我说："查老师，你什么都不用管，交给我们，我们一定给家长们和孩子们一场难忘的晚会！"此刻，我仿佛成了那个德育主任所说的我曾羡慕的班主任，而现在，我真的拥有了这样的家委会成员！我知道，是我作为一个班主任，平时所做的一切努力，他们都看在了眼里，成了一面镜子。而我真的只是最后出现在晚会现场，上台讲话吗？不，我参与了他们的每一次排练，每一次布置。可能我在现场只是一起帮忙、指导学生，但我希望用这种无声的力量对他们表示最大的支持。

那场晚会最后获得了巨大的成功，孩子们沉浸在晚会精彩的表演中，最后家委上台齐亮相，朗诵他们自己写的诗句，铿锵有力，信念坚定。

第二个事例发生在 2017 年 10 月，带班至此，我遇到了一起严重的由学生矛盾引发家长矛盾的事件。起因是两个男孩因为一点摩擦打了起来，我作为班主任，及时处理，本以为这只是一件很小的事情，很快就过去了。

但没想到，当晚两个家庭就闹到了医院，还报警叫来了警察。其中的具体细节我作为老师不好多说什么，但那段时间我深受其扰。两个孩子早就已经和好如初，每天都在一起快乐地玩耍，但他们的家长一见面就要吵起来，把我作为"中转媒介"，各种给我发信息、打电话，内容都是"除非对方……不然我绝对……"现在看来，当时的我因为没有经验，这件事处理得并不好，如果能多做几步，后面的这些麻烦都不会发生。

于是，我和家委商量，看能不能借着这个机会，举办一次活动，最好家长也能参加，借此拉近大家的关系。家委会很快就策划了一场"不忘初心 携手共进——追寻红色足迹"的亲子游活动，地点在莫干山，时间是周日。

我非常清楚地记得，在自愿报名阶段，两个谈崩的家长非常犹豫，他们非常希望孩子能参加这样的活动，但又觉得见到对方会尴尬。我顺势开导：一切都是为了孩子，一切都是为了我们的班级。于是，两个家长最终还是决定一起参加活动。活动现场，孩子们和家长们，一起做游戏、一起做饭，都度过了快乐、难忘的一天。而此后，两位家长再也没找过我"诉苦"，因为他们也明白这次活动的意义，他们看到了孩子们单纯的快乐，看到了家委用心的组织，看到了班主任的不容易，他们选择放下"嫌隙"，"一笑泯恩仇"。

家委会的作用，远不止家校沟通。

等待花开的季节里守望成长

班集体建设之载体

——特色班集体建设

"五大要素"是班集体建设的坚实地基，能坚持做好这几项内容并加以丰富，一个优秀班集体的形成已经成功了大半，这已是很不容易的事情。若是我们还想再向前一步，再深入一点，那就要努力把班集体做出特色，即特色班集体建设。

"特色班集体"是从班级实际出发，经过长时间的集体建设和创新实践，形成的一种较为独特的、先进的、稳定的班级风格与突出成果。它是以特色建设为基础，具有有别于其他班集体的独特风格或独特风貌，同时在一定程度上凸显本班学生的兴趣和特长的组织。它需要每个班级选定一个发展主题，围绕本班级特色内容进行整体设计规划，不断挖掘内涵，准确定位，从而提升班集体的特色标识度，追求文化、精神、价值观的发展。

"特色班集体"，何为"特色"呢？我认为，它就是另一个角度的"班级愿景"。班主任可以结合班级目前存在的实际问题或发展优势，找到一个管理突破口，"小支点撬动地球"。班级几次足球比赛成绩不俗？足球可以是你的特色；你的书法很不错？书法指导可以成为你的班级特色；现在的学生劳动意识匮乏？劳动也可以是你的研究特色……值得注意的是，特色班集体建设，是我们以"特色"为抓手，帮助建设自己向往形成的一个班集体，是一种方式与手段，它与学科特色研究有着本质区别。

在班集体建设之上，我们不妨再试试特色班集体建设。

"立体式阅读"助推班级团队文化建设

当下班集体建设存在主题不突出、学生主人翁感不强、人均贡献率差异大等问题，班级活动多而散，偏重于形式，没有聚焦到班集体建设的目标中去，没有形成一以贯之的班级文化。很多学生集体意识不强，班级没有形成向心力。基于以上问题，我把"立体式阅读"作为班级团队文化建设的有力载体，以此为特色主题，不断深入研究。

"立体式阅读"的实践样式如图 3-1 所示。

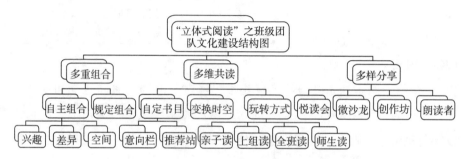

图 3-1　"立体式阅读"之班级团队文化建设结构图

1. 多重组合，激发学生参与热情

深入开展"立体式阅读"的第一步，是阅读主体的选择与组合。

（1）自主组合，"立体"参与

针对学生学情，在班级阅读搭档的选择上给予学生更多的自主权和选择权，本着人人参与、人人尽力的原则，形成了三种自主组合形式：兴趣类别、阅读差异、空间距离，做到真正关注和满足学生的内在需求。

①基于兴趣类别的组合

该组合充分尊重学生的自主选择权：选择感兴趣的书目，学生根据对书目类别的不同兴趣，积极寻找志同道合之人。过程中，充分重视小组的初始兴趣，更关注之后的兴趣转移与拓展，聚焦阅读意愿，将组合向心力

等待花开的季节里守望成长

最大化地激发。

②基于阅读差异的组合

随着年级的上升，班级学生之间在阅读量和阅读时间上所表现出来的阅读水平存在比较大的差距，这就需要"以强带弱，优化组合"。班级采用投票+推举的方式，选出阅读能力最强的几个学生成为"阅读领跑者"，其他同学可根据自主意愿与需要，"加盟"不同的"领跑者"团队，具体步骤如下：

> 步骤1：由班级投票+推举的方式选出若干"阅读领跑者"；
>
> 步骤2：教师告诉每个"阅读领跑者"，分组的重要性和肩负的使命；
>
> 步骤3：每位"领跑者"可邀请组员"加盟"，尤其是阅读水平较弱的同学；
>
> 小贴士："阅读领跑者"推选不宜过多，给学生更多组合与选择的机会。

③基于空间距离的组合

学校内聚集的大多是同一学区不同小区的学生，这给班级阅读活动的开展提供了很大的地域便利。班级内住同一小区的孩子在进班之前多已熟识，无论是学生还是家长，他们对彼此更为了解，沟通良好，对活动的组织与开展也能表现出更强烈的意愿。

任一组合在成立之初都需要以组合为单位，填写"自主组合申报表"，构思组合名字、组合形式、预期开展的活动内容，以及组合固定的活动时间，一式两份，交由组长及教师处存档。同时，每个学生都可以选择1—2个组合进行参与，自愿加入两个组合的学生需要填写"跨组合申报表"，写明跨界原因、预期会遇到的困难，以及自身能够如何解决困难和需要教师提供的帮助。（见表3-6和表3-7）

表 3-6　自主组合申报表

自主组合申报表	
组合名称	
组长及成员	
组合形式	
预期开展活动内容	
组合固定活动时间	

表 3-7　跨组合申报表

跨组合申报表	
姓名	
所跨组合	
跨界原因	
预期遇到的困难	
选择解决的方法	

（2）规定组合，"立体"协作

班级活动的开展过程中，如果想要班级所有成员都能积极参与进来，教师就要留心关注班级里的一部分"边缘生"，他们是各项活动中最容易被忽视、遗忘的群体，往往会被贴上"不受欢迎"的标签。当自主组合申报的过程中，以上三种形式都没有他们的身影，这个时候就要发挥教师的引导作用，帮助他们找到组织。如有意识地关注这些学生的阅读倾向，找到与他志同道合的小组，隆重推荐给组长和组员；结合班级"师徒结对"一对一帮扶活动，充分发挥师傅的作用，把徒弟拉进自己所在的组合，继续在小组阅读方面帮助后进学生。

2. 多维共读，关注学生情感投入

为了把"立体式阅读"这一特色不断放大，我开展了一系列的主题式活动。（见图 3-2）

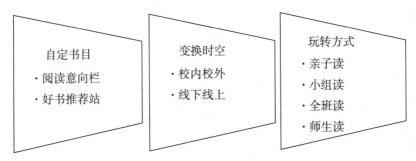

図 3-2 "立体式阅读"之多维阅读方式

（1）自定书目，关注阅读需求

①阅读意向栏，你写我"跟"

我们在教室中开辟了一块名为"阅读意向栏"的区域，学生可以以个人或组合名义，在意向栏上写上：我想读哪一本/哪一类书，通过阅读想解决什么问题、了解什么信息……这是学生畅所欲言的一片小天地，学生们喜欢在意向栏上留言，也热衷于看其他同学的留言，并在旁边"跟帖回复"。

②好书推荐站，你推我看

好书推荐站，是基于学生已有的阅读经验，鼓励学生把自己读过最喜欢的一本书推荐给大家。并以"一句话点评"快速吸引其他学生。

（2）变幻时空，重视共读互动

学生持续性的阅读热情从哪里来？只能来自阅读本身，来自阅读过程中的精神愉悦。每个组合都建立了阅读群，利用每天在家的读书时间和周末时间，将自己的阅读进度或体验推送到微信群中。各组合也可以将教师拉入群中，不定时点评，给予学生最直观的激励与表扬。

（3）玩转方式，聚焦共读体验

①亲子读

让孩子拥有持续阅读的热情，家长对孩子阅读的陪伴就非常重要。立体式阅读不仅关注学生在班级活动中的参与，也关注他们在家庭中阅读热情的投入，以及个人成就感的获得。亲子共读活动分为以下三步骤：

※ 向家长发《"我与孩子同读书、共成长"倡议书》，进行宣

传发动。

　　※ 建议家长将每天睡前半小时定为"家庭读书时间"，开展每天晚上30分钟的"亲子共读"，促进父母与子女间的交流，共同成长，撰写家长陪读感悟。

　　※ 学期终评选"班级书香家庭"，颁发证书及奖品。

②小组读

各小组根据自定或推荐的书目，结合组合固定活动时间，以聚集共读、线上共读或组长日常记录的方式，关注组员的持续参与。这过程中，组长和教师要适时地关注表现积极的组员以及阅读相对薄弱学生的点滴进步，在班级群中和全班面前及时表扬。

③全班读

全班学生在一学期内共同阅读两本书，学生可以个人安排阅读进度，也可以组合统一规定阅读范围。此活动纳入各组合的日常阅读活动中，教师给定截止期限，最后依据自愿原则，个人或小组提供阅读成果，展示阅读心得。教师也可结合最后的"朗读者"活动，将全班共读的成果以另一种形式呈现。

④师生读

在多维阅读开展的过程中，教师这一主体并不是游离在外的，也应积极参与其中。教师挑选一本书，和班级学生一起阅读。要明确的是，师生共读的形式并不等同于全班共读，教师要充分发挥自身的引导作用。

3. 多样分享：铸就班级团队文化

该板块旨在通过悦读会、微沙龙、创作坊和朗读者这四个主渠道，以多种方式的分享，让学生对班集体的认同感和归属感日益增强。

（1）悦读会，培养主人意识

悦读会，设定每个单周周二的中午，预留30分钟为班级读书会时间，旨在创造一个轻松、开放的交流平台，由学生组织，小组轮流主持。每次轮到的小组须提前制作好海报，预告话题，在悦读会上将制作好的PPT先行展示讲解，并与全班进行互动交流。在这过程中，教师的任务只是观察和适度引导，学生是完完全全的主人，无须顾忌，畅所欲言。

（2）微沙龙：凝聚全员力量

在班级共读书目的基础上，每月的第二个周日晚上8点，我们在班级群中开展读书微沙龙活动，持续大约一小时，每期一个主题，学生可以以文字或语音方式朗读自己最喜欢的一段话，或者发表自己的读书心得，大家在看和听的过程中还可以根据同学的留言进行补充或反驳。每期主题活动的最后，通过学生投票和家长投票，选出本期自己心目中的"最佳金句"和"最佳发言人"，第二天由三名"沙龙督察员"统计，产生本期班级的"最佳金句"和"最佳发言人"，并制作海报展示。

（3）创作坊：关注合作体验

创作坊，指学生将自己的阅读体验充分展示，以小组为单位，围绕阅读主题，通过前期分工、资料整理和现场制作，最终形成"×××阅读小记""×××阅读手册"等成果。创作坊活动一学期1—2次，一次连续两节课，给予学生充分的动手、合作时间。一旦学生意识到这个团队活动有自己的一份力，自己也是其中重要的一环，他们参与的积极性就会很高，会非常用心地去准备自己被分到的任务，整个团队通力合作，凝聚力达到高点。

（4）朗读者：凝练团队内涵

最终的阅读分享来自万众瞩目的"朗读者"活动，参照央视节目《朗读者》形式，班级"朗读者"重在体验过程，分享阅读感悟。为了更好地激发学生的参与积极性，教师在"立体式阅读"开展之初就要宣传到位，更要关注表现持续优秀的小组或个人，以及对阅读能力相对薄弱但参与意愿比较强烈的同学放低门槛。形式主要分为小组共读和个人上台、团队幕后协作两种。

"立体式阅读"这一特色班集体建设样式，极大地丰富了班级活动内涵，培养了学生的主人翁意识，提高了他们的团队合作能力，使他们都非常乐于参与到班集体活动中来，并在任何活动中都愿意相互交流、沟通，积极协作。这样具有集体倾向性、认同感和归属感的班级团队文化，我想一定是班主任们愿意尝试的。

管来香：用"每日一记"筑构多彩的童年

班主任的事务可以用一个词形容——一地鸡毛。我们就像母鸡，到哪里后面都会自然带着一大群小鸡。虽然我会时常炸毛，但是我也发现我经常能窥见这些小鸡仔们的很多很多有趣的事：有使人感动的、窃喜的，也有使人烦恼的、忧伤的。其实这许许多多的故事就渐渐构筑了孩子们的童年。于是，我想把它们记录、保存下来。逐渐地，这就成了我们班的一大特色、一个管理突破口。

1. 等待教育契机

三年级开始，学校发的家校联系手册就有了"每日一记"这个板块。起初，我对孩子们只做好词好句摘抄的要求，以此降低他们对它的畏难情绪。但我发现，语文书从第二单元开始，就有了很多观察类的文章，并在园地二出现了日记文体的教学。我就利用这次语文教学，渗透了每日一记新的要求：开始写日记。当然，前提还是学生自愿为主。

但随着时间的推移，孩子们渐渐觉得生活平淡无奇，吐槽没有东西可写。尤其是中等水平的孩子，高不成低不就，既不想做简单的摘抄，但要写日记呢又觉得难。法国罗丹曾说：生活中不缺少美，只是缺少发现美的眼睛。利用一次班会，我告诉孩子们：其实，万物皆可写。同时，我对留心观察生活的每日一记在班级里会进行隆重的朗读和反馈。包括家长会，我一改以往放孩子照片的会前暖场，改成了循环展示孩子们好玩的、有趣的、感动的、难忘的每日一记。我相信，坚持写日记，我们一定能看见有趣的灵魂。

2. 哪怕一句也关情

家校册上，每日一记的板块一共有七行，哪怕是一句，我也会进行发星星奖励。我越是在班里朗读同学写的每日一记，大家写的劲头就越足。

于是，我决定每次上课的前五分钟就用来读孩子的每日一记。每日一记的共情度非常强，因为大家都经历着相同的事情，但是又因为孩子们语言表达能力的不同，会呈现很多种版本，一比较来读，取其精华，就会学得很快。

3. 打开心灵的密码

渐渐地，孩子们的每日一记爆发式增长，篇幅也越来越长。有的孩子甚至会把自己的小秘密写在上面，但是无论是抱怨、投诉还是说喜欢……什么题材，我都不会进行道德评价，我选择尊重和聆听，同时也只想让孩子表达真情实感。

我们都说家是心灵的港湾，对于学生来说，班级就是孩子在学校里的家，是孩子求学之路上的心灵港湾，应该是温馨、快乐的。我们要建立一个充满关心而不是竞争的环境，关心自己，关心身边的人，关心陌生人，关心动物、植物和地球，关心生命……一个对世界充满关心的孩子，内心是充盈的，笔下的世界是丰富多彩的，当然，他的童年也快乐而幸福。

李伟：小鬼当家，让每一株"新绿"都被看见

如果说每一名小学生都是一株等待栽培养育的小树苗，那么低年级的学生则是刚刚发芽冒尖的"新绿"。他们自律和他律能力都比较薄弱。如何建设良好的班级常规，创建班风优良的集体，任用和培养低年级小干部呢？这是我每一次接班时都会思考的问题。

上学期阅读了《做一个"偷懒"的班主任——班级自主教育管理的艺术和技巧》一书，书中说"衡量一种教育机制是否进步、科学，关键看它是否存在这样一条渠道，让所有学生都得到教育和锻炼。"我深以为然，学期初就把"班级自主管理"作为我的研究项目，尝试"小鬼当家"，建设以学生为管理主体的自主管理模式，挖掘学生潜能，让学生的个性品质、兴趣特长得到最优化的发展。

对照目标，我的项目研究有哪些做法和成效呢？

1. 人人参与，当家做主

在小学低年级的班级管理中，我认为要想建设班级的自主管理，做好班级的各项常规工作，应该让班级所有同学参与到班级管理中，尽量做到人人有职务，人人有专长，人人当家做主，增强学生的主人翁意识，将班级管理做细做实。

课间卫生检查、手指甲检查、课间纪律检查、喝水提醒员……凡是我能想到的事，我都设置了一位小管理员，让其参与到管理中。

同时，在制定班级条约和奖励制度时，利用班会课让所有同学参与进来，大家根据自己提前准备的建议，课上人人有想法，人人参与制定，现场手写约定，并上墙公示。学生对于自己制定的班级约定记忆更深刻，一旦班级有什么事，他们会立刻想到班规，并提醒我，班级的常规工作得到了很大的提升。

2. 提前造势，推波助澜

以上部分其实很多班级都有在做，我没有在开学初就立即选定班级的管理员，而是下发申请表，让学生提前了解各个职务和责任，并让他们对感兴趣的职务进行实习体验。而我在学生体验的过程中边观察边指导，物色班干部人选。通过表扬和鼓励激励学生，让他对自己体验的这一项职务充满信心，并且为此学生在班级中造势，提高他在班级同学心中的威望。还会发到班级圈，让家长关注到孩子们的优秀表现。

3. 公开演讲，岗位竞选

学生将自己心仪的岗位体验好后，我会在学期初利用班会课在班级进行管理员竞选，现场写投票，现场唱票，当场选定班级的小管理员。当场出结果很重要，更能让学生体会到自己的投票权，增强认同感。

4. 颁发聘书，身份认同

《小王子》里说："仪式感就是使某一天与其他日子不同，使某一时刻与其他时刻不同。"颁发聘书就是营造仪式感的一种，通过聘书这一形式提升学生对管理员的身份认同感，管理员更认真负责，其他同学也会更信服管理员的监督。家长们看到孩子手中的聘书，高兴之余也会帮助提醒孩子，让她将这份职务做得更好！

5. 职责明确，层级监督

班级管理人人参与，那这么多管理员应该如何管理呢？为了更好地进行班级管理，我将班级的管理系统安排如下。对班级管理员进行层级管理，例如：每一次的学校作业，4 位小组长收好后给 2 个语文课代表，课代表整理好后报给学习委员。学习委员将作业交到我的办公桌，并将班级作业记录本给我，告知我没交的同学，我每次只须对照名单去找没交的同学即可。既节约了我的时间，又锻炼了学生的能力。

另外我们每两周召开一次委员会议，委员每周召开一次部门会议，每月召开一次班会，三会并行，提出问题，解决问题，促进班级管理员们更加积极地工作。

每天大课间结束后，放学前的几分钟是班级管理员依照手册的总结时间。班级里每项工作都有人管、有人抓，天天有表扬天天有不足，人人都是参与者、监督者。这样既培养了学生的自主管理能力又增强了班级认同和凝聚力，整个班级的氛围也越来越好。

6. 竞争机制，互相激励

班级小管理员们刚开始劲头十足，但一段时间后就会进入疲倦期，为了保持住学生们的工作积极性，我会对管理员们的工作进行考核，一个月进行一次总结，对表现优秀的部门及人员进行表彰，鼓励。为后续班级管理工作提供动力！

7. 匿名表扬，每周开箱

管建刚老师说："表扬不是万能的，没有表扬是万万不能的！"表扬除了可以运用到日常管理中，还可以运用到班干部培养，班集体建设中。我们每周会写一次匿名表扬条，具体时间不固定，只要在周四放学前放进表扬箱即可。每周五开箱后，负责的管理员会对其进行分类，并利用放学前的几分钟进行公布宣读。这个时间是小管理员们最激动、最开心的时刻，被表扬次数多的管理员可以得到积分奖励，并成为电脑桌面。

正如魏书生所说："管是为了不管。"因此，培养学生的自主管理能力，主要是让他们自己直接参与到班级管理中来，成为真正的主人。只有这样，纯正的班风、学风才可以形成，班级的民主意识也会出现，更能提高班级管理效率。学生们会对自己的班级充满热爱之情，在各方面都积极进取，争取为班争光。每一位学生都能追求真知，奉献爱心，实现自我，感受欢乐与成功。

在我的特色班集体建设中，结合班情，我把"班级管理"作为研究方向，又着重聚焦"学生干部"这一切入点。其实很多班主任都在做研究，方法很多，成效也很不错。但我从中收获的最大的创新，那就是在学生充分参与、自主管理的过程中，我更往前走了一步，强化过程监督，对自己的角色定位也一次比一次深入、细致。例如：每两周召开一次委员会议，每周召开一次部门会议，每月召开一次班会，每天大课间结束后的管理员总结时间，还有一月一次的班级总结，等等，无限延长学生自主管理的积极性，而我就做一个勤观察、勤督促、勤指导的"背后导师"，使班级不断朝着目标发展前行。

班集体建设之推手

——聚焦"三大板块"

一个优秀的班集体的建成，意味着班主任要在其中付出很多努力，"以学生为主体、以班主任为主导"这句话也表明了班主任在班级管理中的组织、引领作用。除了班集体中"五大要素"的建设和完善，特色班集体的个性化研究，我们在日常的班级管理中一定还会遇到各种各样的问题与困惑，总的来看主要来源于家校联系、学生培养（特质学生教育）和班级管理等方面，这往往也是家长最在意的几个方面。因此，班主任可以做得多一点、再多一点……

为班级管理"锦上添花"

1. 做足"宣传"，发酵力量

一个班级要想走得远，一定离不开家长的全力支持与配合，家长能够信任你、支持你的工作，我们的日常管理就会轻松不少。这其中相辅相成的根源，我觉得就是"宣传"，放大细节的宣传。我指的"宣传"不是说光喊口号，做表面功夫，而是引导家长去思考，我作为班主任，平时"日理万机"，关注了多少细节，倾注了多少心力。他们看到的"宣传"多了，就会越来越认为你是一位负责任的好老师，从而发自内心地支持、配合你的工作。

"宣传"就是表扬，对学生的表扬，宣传力度要大。比如我们班每周的"积分王"评比，对于获奖的学生，我不仅会发信息告知所有家长，还会让有绘画专长的学生为他们制作专属海报，刊登他们的照片，以画架形式放在班级门口。积分王海报每周上新，来来往往的老师和同学们都能看到，获奖学生心中的自豪感可想而知。

"宣传"就是表扬，表扬要具体。一位会"宣传"的老师一定要十分关注细节，能够随时捕捉到一些看似不起眼的小事，挖掘闪光点。尤其是平时表现不佳、容易被老师忽视的学生。比如我们班中一个大家都默认的"捣蛋鬼"，他担任分餐员一职后，每天中午都默默地给班级整理餐盘，日复一日地为班级加菜。我看到后就立马拍下了照片，晒在了班级群中；比如另一个男生在每天早读前都会检查一遍教室卫生，因为有他，我们班的早读值周检查从未被扣过分……像这样于背后为班级默默付出的学生，我的表扬一定是以"图片+具体事件描述"的方式宣传到班级群里。

此外，班主任也不要吝啬对家长的表扬，每天早上校门口的爱心护学岗，轮到自己班时，每天都亲自去看一看、聊一聊、拍一拍、晒一晒，家长也会觉得很高兴的。当然，不是什么事情都能"宣传"的，过犹不及，家长也不是闲得没事做天天给我们点赞。抓住合适的"宣传点"，它所带来的神奇力量便会照亮整个班级。

2. 多样活动，与生同在

面对一个全新的班级，刚接手时，我和孩子们经历了一段较长时间的磨合过渡期，相比一年级，二年级的他们在纪律、行为习惯方面有了明显的进步，不用班主任在旁耳提面命地提醒唠叨。但由于是新班，如何形成班级的凝聚力与向心力是我在学期初期最重视的事情。为此，我做了以下尝试：

（1）结合班情，积极开展活动

不同于一年级同学的活泼好动，现在的班级整体不够活跃，较为安静，课堂上举手的人很少，尤其是很多男生，连跟老师说话都是唯唯诺诺的。于是我和任课老师一起想了很多办法让他们自信大胆、活跃起来。第一，在对待孩子上，我改变了以往较为严厉的语气，对他们多一些轻声细语，活动时和他们一起做游戏，课堂上积极表扬和鼓励，和学生日益亲近起来；第二，大课间活动时体育老师会经常带班里男生一起在草坪上踢足球，很快足球便成了男生们最期待的体育活动；第三，我发动家委会带动各自小队积极开展假日活动，参观革命烈士纪念馆、宣传"文明宝宝正确如厕"、做一日马路小交警……多样的活动使得同学们有更多的展示机会，学生之间的友谊也更加深厚；最后，我们的家委会还特别组织了一次盛大的春晚晚会，目的就是希望我们的孩子不仅在班级面前，面对大场合也能从容展示自我。

（2）抓住特色，"我与你们同在"

三年级起，我致力于打造"一班一品"特色，将主题定为"在'英歌演舞'中提升综合素养"。我们班有很多音乐、舞蹈、绘画、朗诵等艺术才能突出的学生，班级整体在表演和歌舞方面有着不错的表现。通过持续地营造活动氛围、开展多样的活动，孩子们越来越乐于展现自己。主题探究活动的小组展示，"每周之星"的奖励表演，音乐展示、英语诗歌朗诵、小古文表演、毛泽东系列诗诵读，孩子们的表现是那样精彩，赢得老师们的不住赞叹。我们班常被称之为"艺体班"，就是在唱歌、跳舞、画画、体育等方面的人才稍有一些，所以在艺术和体育上班级整体比较突出，具有自己的特色，因此，我把这一项特色和优势融进我的班级管理，制定了"在'音（英）歌演舞'中提升综合素养"的管理办法。

"音（英）歌演舞"取自成语"莺歌燕舞"的谐音，"音"既是指音乐也可以是英语，从字面就能看出我们主打唱歌、跳舞和表演等艺术才能，当然能歌善舞不是我的最终目的，这只是一块垫脚石，借此培养、提升学生的综合素养，营造良好的班级氛围才是我的意图所在。

而作为他们的班主任，每一场活动、每一次比赛、每一分每一秒，我都在孩子们的身边，并且和他们一样付出努力。运动会准备阶段，我把自己变成体育教练，利用课余或周末，陪着孩子一起训练；运动场上，我化身"疯狂粉丝"，为孩子们的奋勇拼搏加油呐喊；英语歌曲比赛，我寻找适合班级孩子演唱的曲目，找音乐老师剪辑音乐，给孩子们编排动作；外语

第三章 当我拥有一个班级

177

节开幕式方阵，同样找音乐、排动作；主题场馆布置，我几个周末都在教室里和家长、学生一起出力；班里有孩子要去区里参加讲故事比赛，我给她找文章、录范讲音频；教学时发现有适合表演的课文，我把它改编成课本剧，让孩子们用心准备、展演……

我始终认为，努力不一定会得到回报，但不努力一定得不到回报。你为学生、为班级花了心思、付出了心血，学生和家长看到你和他们一样都在付出，他们在做的过程中也会更有动力、更投入。这种双向的影响是非常正面、融洽的。而良好的氛围和班集体凝聚力也会在这一次次共同努力的活动中得以形成、增厚。

3. 个性化测评，谈"考"不色变

一听到"考试"一词，很容易让人联想到一纸试卷。在新一轮基础教育课程改革中，考试改革作为课程评价改革的重要组成部分，已成为广大师生乃至社会各界关注的焦点。考试不再只是枯燥的书面考核，它将从书面走向立体，无论是内容还是形式，都面临着更精炼、更具综合性的变革。结合学校"半天学校，童年味道"的办学理念、"T+X"的课程模式，还有我的班级管理想法，我开始着手研究"综合测评""个性化测评"这个越来越热的命题。

在国家基础课程之外，学校融入了拓展性课程的学习，也就是"X"部分的内容：经典吟诵、儿童诗、绘本、小古文、课本剧等，内容丰富，形式多样。我所在备课组的"X"部分教学以小古文为主，但我们没有统一教学内容和形式，而是把选择权交给各语文教师，由各语文教师根据本班学情及特色，自主选择教学内容。

在测评当天，我将唐诗、宋词、小古文甚至绕口令都搬进了课堂，精心挑选学生最感兴趣的或是比较经典的内容进行教学，极大地调动了学生的学习积极性。教师秉承着"积累重在平时"的教学理念，更看重学生平时的掌握情况，因此在期末考核时，不采取抽查背诵的方式，而是让学生自行分组，自行选择所学内容，进行课本剧表演。

为期一周的准备时间，学生自编自导自演，并融入了自己的理解和创

新，表演热情高涨，既加深了对内容的理解，又培养了学生的团队协作能力和表现能力，因此，最后的成果令人欣喜。

《语文课程标准》指出，要"突出语文课程评价的整体性和综合性"，"要从知识与能力、过程与方法、情感态度价值观"几方面进行教学评价，以全面考查学生的语文素养。要让考试真正发挥激励、反馈与调整的功能，使学生乐考、好学，我们将努力探索更有效的考试评价办法，使评价更好地为教学服务，为学生语言素养的全面提高和终生发展服务。

4. 班级管理"一招鲜"

班主任，一个班集体的管理者，为保持班级团结、和谐、蒸蒸日上地发展，这过程中需要想出很多治班"招数"与点子。接下来我就和大家分享我在管理班级中运用较为有效的"一招"。

我们班有 49 个孩子，其中男生 29 人，又是一年级，难以管理之程度可以想象。曾经，每节下课的休息时间非常令我头疼，因为很多男孩子都会在教室里或走廊上摸爬滚打、追逐打闹。这不仅危险、脏，还容易把人变得浮躁，影响下一节课的上课状态。在明令禁止无果后，我想了一个办法，让孩子们每个人每天带一本较薄的课外书，下课时除了上厕所、倒水喝以外，能够静静坐在自己位置上看课外书。为了营造安静的氛围，我会给他们播放旋律舒缓轻柔的轻音乐，让孩子能伴着轻音乐翱翔在课外阅读中。当然，我这不是剥夺孩子们下课玩耍的权利，我会跟他们说明，教室是学习的地方，在教室里不应该出现大喊大叫、追逐打闹的情况，老师喜欢你们静静坐着看书的样子，如果你想要出去走走，那当然可以，看看远山、吹吹春风，多好！但一定要文明游戏。

就这样实施一段时间后，孩子们的心性明显安定了不少，教室里很少再出现大声喧哗的场景，走廊上也几乎看不到各种"翻滚"、追逐的现象。有时还能看到孩子们边静静看书边随着音乐摇头打节奏的可爱样子呢！

换个角度做学生教育

1. 善待，从心开始——*牵起后进生的手*

后进生，或者说特质学生，这是每个班级里或多或少存在的一个群体，也是令班主任时常感到头疼、手足无措的一个群体。他们或是跟不上学习，或是行为习惯有所欠缺，有着各种各样的问题与不足，为班级管理增加了不少难度。

作为班主任，我的班级中也有着这样几位"后进生"，他们有的注意力难以集中，接受能力较弱，一遇考试就能创造全年级最低分；有的动手能力较弱，不合群，在人际交往上存在较大问题。都说教育的前提是爱，在教育他们的过程中，我努力地"爱"了，用心付出了，把最多的精力花在他们身上，但面对他们依然如故的表现，有时候觉得实在是委屈和无能为力，难免也会有"放弃吧"的念头。

这样的情况得以转变，得益于一次看到全国语文特级教师李镇西的一段话，他说："无法面对后进生，也就谈不上善待，更谈不上转化了。所以，转化后进生的前提，是教师本人先'转化'自己。'转化'自己什么呢？转化——实际上是'转变'——自己的心态，就是换一种眼光。是的，他们听不懂课，可是他们一年四季，无论寒风凛冽还是烈日炎炎，每天到学校来做一件事，就是听他们听不懂的课。"反复咀嚼这段话，感触颇深。我们成人听一堂枯燥的报告都觉得度日如年，可这些孩子，每天都坐在教室里，一节节地听他们根本听不懂的课，一听就是三年、六年甚至十二年！而后进生长期坚持听他听不懂的课，他换来的是什么呢？是老师的呵斥，是同学的嘲笑，是家长的打骂，而这就是我们号称"以人为本"的教育给他们的全部"馈赠"。

我们用成人的眼光去衡量他们，他们的表现也许永远也达不到我们的标准，反而还会把我们自己变得焦虑、烦躁。那放宽心态，降低要求，情况会不会有所不同呢？教育改革家魏书生曾说过："对学生严的同时切莫忘了爱，切莫有嫌弃后进生的想法，越是对后进的同学越应该同情，越是应该爱。"仔细观察那些后进的学生，你会发现他们或是沉默不语，不常带笑容，或是用各种夸张的方式表达自己的存在感和想法，但追根溯源，这都是他们不自信，想要被别人重视、肯定的表现。正如阴影中的草木特别渴望阳光照耀一样，这些学生其实内心都很希望得到老师的关心和表扬，哪怕只是简简单单的一句"你真棒！"、一个轻柔的摸头动作，他们就能回味半天。因此，善待后进生，需从"善"开始，把心放低，把眼界放大，站在他们的角度给予他们更多的关爱，正确地看待和估量他们，寻找他们身上潜在的闪光点。

那个叫恒恒的小男孩，从最开始的不爱说话、难以融入集体，一点点地成长，到现在能够积极主动地完成作业并给老师检查，每一方面都有了显著的进步与变化。因为转变了心态，降低了衡量的标准，原来时常眉头紧锁的我从未有过此刻的轻松与从容，而我也是看到了恒恒的变化才明白，用自己的真爱打动孩子，打开学生的心门，走进他的心灵世界，这比无数的说教来得更深入有效，而这也是教育者尤其是班主任面对所谓的"后进生"首先要做的事情。而后，教师要深入这些或是后进或是特质的学生，用真诚、用心的方法打开学生的心扉。对待班里的后进生，我找到他们身上不同的闪光点，让他们担任不同的班级职务，增强他们的自信心；我不断寻找他们的兴趣所在，加以引导和鼓励，使他们不断进步；我在课堂上尽量多把信任的目光投向他们，用眼神鼓励他们回答问题；我还给他们找小老师，建立互助小组，让他们感受到来自同学的关爱和帮助，体验成功的滋味……这些都是转化后进生常用的、有效的方法，但我觉得，作为班主任，还可以来点不一样的——后进生往往容易对自己的表现没有自信，他们很容易否定自己，觉得自己做什么都做不好，久而久之就会成为习惯，直至麻木。这是非常可怕的，所以需要班主任给他们制造一个"被全班记住"的回忆。

我瞄准班里一位"老大难"，准备给他制造一个难忘的回忆。我告诉全班，一段时间里我会观察每一位同学，请大家好好表现，令我印象最深刻的同学，我会动笔写一写他，还会送给他一个小称号。于是，我看到他满脸期待、努力表现给我看的样子，虽然这过程中他依然小错不断，但展现出来的对学习的浓厚兴趣是我以前从没有看到过的。

一周过后，我找了一节课和他们分享我的所写。字里行间我抓住这位"主角"的外貌、事件，却只字不提他的名字，让学生边听边猜，大家睁大眼睛，竖起耳朵，唯恐漏掉一点"线索"。

未来的将军——小宇

"你怎么又在讲话？""你还不午睡？""你不要影响别人！"……曾经你的名字我叫得最多，因为你，我的血压上升了不少。每次批评你，你都认真地看着我，认真地听我说话，像是一个士兵站在将军面前，可是听过就忘，屡教不改。

但是，这段时间这个士兵不太一样了，废话少了很多，上课也积极举手发言，连其他老师也说，今天的你跟以前不一样了，表现很好。难道我们的××想当将军了？有句话叫"不想当将军的士兵不是好士兵"，你现在还不算优秀士兵，但是只要你每天进步一点点，废话少说一点点，总有一天，大家都会很佩服你，发自内心地叫你一声：×将军！

我是先读内容的，当最后把题目中送出的称号和对应的名字说出来时，全班都沸腾了，大家都用善意、激动的眼光看向那位"主角"，而我也没有错过他脸上按捺不住的害羞与喜悦。

苏霍姆林斯基曾感叹："从我手里经过的学生成千上万，奇怪的是，曾给我印象最深的并不是无可挑剔的模范生，而是别具特点，与众不同的孩子。"教育的反差效应告诉我们：对后进生这样一个"与众不同"的特殊群体，教师应该多给予理解、尊重、关爱和帮助，多一些真诚的善意，不断探索转化后进生的科学有效方法，帮助每一个孩子健康茁壮地成长。

2. 李伟：从"用力"到"用心"的转变

身为班主任，经常会遇到各种各样的问题，各种各样的人，但也是在这些问题与考验中不断成长。教育，本就是一位不完美的人，带领一群不完美的学生，奔赴完美的一个旅程。

故事的主人公小孙同学，一个被植入人工耳蜗的爱哭的小男孩。印象最深的是刚刚接班上课的第一天，他就是哭着进教室的，而哭的原因是敲门时手敲疼了，基本上每天都要哭几次。每天沉浸在自己的世界中，不单独走到他旁边大声叫他，他就会只做自己的事情，整理能力也很弱，座位周围的地面到处都是他的东西。因此，小孙在与同学相处上就遇到了一些问题，同学们经常会直接指出小孙的问题，或者在对话中表现出不耐烦的语气，愿意主动和小孙玩的男孩子也不多。小何成了小孙课间的玩伴。

初看小何同学，你会被他的颜值吸引，一双水汪汪的大眼睛绝对是颜值担当。但是他却喜欢撒谎、偷东西、欺负小孙同学。篮球课上总是拿球砸小孙的篮球，课间玩耍恶作剧更是不少。每次发生这样的事情，我都会在了解事情经过后，严厉地批评过错方，让对方道歉。但后续这样的事件仍是发生，长此以往，小孙和家长慢慢形成了一种想法：小何总是欺负他！与班级同学发生误会，即使对方道歉，他也认为对方是故意的。看来一味地用力并未能解决这个问题。

一个周五的下午，小何"伙同"另一个男生"诱骗"小孙，说带他去吃好吃的，结果把他带到了厕所欺负。这件事性质比较恶劣，小孙的家长知道后情绪也比较激动，第一时间联系了我。当时在学校我已经处理过此事，因此看到短信后，我的第一反应是打电话跟孙妈妈说明情况，但在通话中明显感觉到孙妈妈对这件事情非常的气愤。她也说了上次小何和何妈妈陪他们去医院检查的经过，表现出对小何和他妈妈的极度不满。她直接说："李老师，我儿子打不过他们家孩子，但我可以吧，我不行，我老公也可以的，我不能忍受他这么欺负我儿子。"

面对这样的情况，我做了什么呢？

（1）安抚情绪，感同身受

电话中我先是静静地听孙妈妈把自己的不满情绪发泄掉，让她把自己想说的话都说完，在说完之后表现出感同身受，让对方知道这件事我很重视，也很心疼小孙，并且已经处理过这件事。

（2）给心理安慰，留时间冷静

接到消息时已经是周五了，第二天放假，不能当面再次处理问题，因此，我建议妈妈先以孩子的感受为主，让妈妈先给孩子做心理疏导，不要留下心理阴影。其次，把这件事情放心交给我，我周一会再次进行处理。并在周末再次联系妈妈，关心小孙的情况。

（3）梳理经过，"存档"警示

周一一早，我将三位同学再次叫到一起，梳理事件的经过。我让小何跟另一名男生写下保证书，做好"存档"。当然，学校只有批评教育的权力，这样做的目的并不是违背教育初衷，"暴力执法"，而是对学生起到一个适度的威慑作用，让他们明白，做错事都会留下痕迹，自己也会受到责罚甚至是付出代价。让他们知道事情的严重性，并引起重视。

（4）做法引导，互帮互助

小孙同学相对一般的孩子要弱一点，事件中，他反复强调的一句话就是：这次他们道歉了，那下次还这样怎么办呢？所以尽快消除小孙心里的担忧情绪，是我首先要做的。另两位同学借着这次事件已经意识到了自己闯了大祸，他们内心也很不安。所以我一方面告诉他们，吸取教训，并及时改正，还是能赢得大家的认可。另一方面，我也引导他们从小事入手，平时多帮助小孙，比如，帮他整理整理东西，收拾收拾书包，课间担任"保镖"的角色，保护小孙同学。当天小孙的铅笔掉在了地上，小何同学路过帮他捡了起来，我也趁势大力表扬小何的乐于助人，并和小孙说：哇，他帮你捡了铅笔，真好！借此一点点改善小孙的固有想法。

（5）召开班会，引导相处

当然，要消除小孙同学的担忧情绪，不是简单一两个步骤就能做到的，当天我还召开了"如何与同学相处"的班会课，以一种"润物细无声"的角度切入，引导同学们说一说小孙的优点，在日常的班级生活中应该如何和同学相处呢？班会课的目的一是为了引导同学间友好相处；二是让同学们发现小孙的优点，通过放大优点，改善对他的看法；三是让小孙感受到大家对他的关注与喜爱，感受到同学对他的爱。在班级召开完班会后，家长群里也要及时反馈，引导家长在家里也要关注、引导孩子的人际交往。

补充一点，这种召开班会表扬某一位同学的做法，并不是每个孩子都适用，小孙内心渴望得到大家的关注和肯定，所以他会很受用，但是有些孩子内心很敏感、脆弱，召开班会的角度和方式就要慎重选择。

（6）寻找伙伴，推波助力

如何解决小孙同学课间缺少玩伴的问题呢？一方面直接推荐班级中比较友善、有耐心的同学，让他们和小孙多聊聊天、玩一玩。另一方面，侧面推荐："哎，你看，谁谁谁发现你有这么多优点，他一定很喜欢你!"等，这样之后，我欣喜地发现小孙周围的小伙伴多起来了，他的话也更多了。

（7）爱的抱抱，信件鼓励

小孙是个很纯真的男孩，很喜欢得到我们的关注，每次见到我，都能看到他大大的笑容，听到甜甜的叫声。而面对小孙的表达，我的表达也变得更加外显，经常抱一抱他，表达出我对他的关注和喜爱。通过写信，重拾他的信心和对周围的信任。小孙拿到信的时候非常激动。满满一页 A4 纸的手写内容，承载着我对小孙的鼓励与用心，我想这或许能打开小孙的心，也能叩响他妈妈的心。家长的观念会受到孩子的直接影响，孩子开心了，家长也会宽心的。事实也是如此，当天晚上 10 点多再次致电孙妈妈，她不再纠结问题了，表示出自己很感动，也很感谢老师，孩子很开心。

（8）对话家长，家庭督促

在事件处理好后，也要联系对方的家长，让家长关注，在家里也要每天进行督促。并且要及时表扬，孩子犯了错，但在班会课后有及时帮助小孙，这一点做得非常棒。

通过这一事件，我更加认识到：坚持用爱感受——俯下身子，认真聆听；用爱感化——对症下药，找对方法；用爱感悟——真诚永远是"必杀技"。唯有用心教育，温柔坚持，方能一起奔赴下一个山海。

直抵有效的家校沟通

1. 一则"免试"案例引起的思考

在班级管理中，老师尤其是作为班主任，一定要处理好和家长之间的关系，做好家长的工作。这就要求我们在和家长沟通时一定要周全考虑，并控制好自己的情绪。

有关免试的一个案例：

在班级群中，有家长提出对免试制度的不理解，于是我给家长们做了解释，列出免试的几大优点，表示这是一个重过程、极大激励孩子的荣誉。看完我的回复后，有一位家长提出疑问：如果进行免试申报了，在老师那却被刷了下来，那将给孩子很大的打击！于是我又回复这位家长：这就要求孩子先对自己有个全面的认识，填报过程也能体现对自己的认知是否清晰，知道自己的优点与缺点。不可能所有的申报都会通过，但是很多孩子往往只是相差那么一点点，所以要告诉孩子，下个学期只要再努力一点点，同样可以得到面试机会。这位家长还是表示不认同，觉得就算输也要让孩子输在战场上，这样孩子才会心服口服。我当时就只想："这家长怎么这么拧巴、认死理？一定要把她的想法转变过来。"于是又回复了，结果就演变成你来我往两个人你一句我一句，还上升到了中国当代教育的高度。最后我反应过来再这么聊下去两个人肯定要吵起来了，于是就不再回话，这位家长就说"查老师你没必要生气，申不申报孩子自己决定"。

这事就算这么草草结束了。就这样没过多久，自己冷静下来，我突然意识到自己犯了多大的错误。这是在班级群中，算是一个公共场所，本来有很多家长在交流的，后来全都不吭声了，就看着我这班主任和那位家长火药味越来越浓的对话。我太冲动了，逞一时的口舌之快，结果弄得自己和家长心里都不舒服。巴菲特说："一个人要建立好的名声可能要花上 20 年，但是毁掉一个人的名声却只需要 5 分钟。"我当时觉得自己辛辛苦苦一个学期给家长树立的形象这一瞬间肯定是没了，很沮丧，很难过，觉得这件事没有处理好，不知道该怎么办。

第二天孩子们上交免试申报表，我发现这位家长的孩子把语文的每一项、英语、数学全都填了免试申请，我不知道这是孩子的想法还是家长故意赌气的结果，鉴于这孩子平时成绩、表现等都还不错，我同意了他语文的2、3、4、5项申报，并告诉他笔试这项没过是因为他的字还要再练练，孩子听了也欣然同意了。

当天我去找了沈校，想咨询下他这件事该怎么解决。沈校告诉我，文字是冰冷的，键盘敲打文字进行对话是很不正式的，当发现家长对学校工作有质疑的时候应该马上打电话进行沟通。于是我立即决定，晚上回家一定要给这位家长电话联系下，虽然晚了一天，但总要把我心里的包袱拿掉。

晚上回到家，刚想打电话的时候没想到这位家长发来了短信，说昨天晚上的事希望我别介意，只是对这件事不太理解。孩子今天回到家很兴奋地告诉她自己语文得到免试了，不过因为字不够端正笔试申报没有通过，下定决心一定要好好练字。我当时看后特别惭愧，也很高兴孩子能够有这样的想法。于是我赶紧也向这位家长表达了歉意，并表示一起努力让孩子的字有进步。

故事到这儿终于落下了帷幕，我也得到了一次很好的经验教训，做老师一定要学会控制自己的情绪，委婉表达，周全考虑，与大家共勉。

2. 沈佳丽：给家庭教育的几点建议

苏霍姆林斯基说过："没有家庭教育的学校教育和没有学校教育的家庭教育，都不可能完成培养人的这一极其细微而复杂的任务。"而作为这个社会上最小的主任的我们，却担负着家校沟通的重要桥梁作用，的确是任重而道远。

家长队伍是班级建设与发展中的重要力量，合作得好自然对学校、对班级发展可以起到积极的助推作用，相反，家校关系不好，也可能成为班级发展中的重大隐患，带来严重的负面影响。

首先，我认为，想要家长支持老师的工作，一定要建立良好的师生关系、营造和谐的班级氛围。既然是家校合作，我想不能光是家长要配合学校、配合老师。我们有时候也要思考是否满足了家长对学校、对班级的期待。说得直白一点，他的孩子爱我们学校、爱我们的老师，家长自然就愿意合作。如果不爱，再好的方法也是白搭，而且还有可能和我们唱反调。

所以，我们谈家校合作的前提是良好的师生关系，和谐的班级氛围。家长眼中的学校是什么样？家长眼中的班主任是什么样？很多时候都是学生回到家中告诉给家长的。在班级里学生觉得自己受到了老师的喜爱，学到了想学的知识，感受到了集体的温暖，对我们的学校、老师评价高，家长自然愿意配合我们的工作，形成合力。所以我们还是应该多花点心思在师生关系与班级氛围的营造方面。

我在和学生沟通的时候，比较关注学生的情绪，多进行换位思考。比如，刚建立新班级时，我借着在开学前家访时拍的照片，记住了所有孩子的名字。等到开学报到那天，每个学生进教室的时候，我都叫出了他的名字和他打招呼。我明显感觉到当学生听到我叫他名字之后，原本有点紧张和害羞的情绪变缓和了不少。为了让学生更快地熟悉新集体，我还和他们玩了一个游戏，我让学生按照学号站起来，我来猜名字。当我准确无误地叫出了所有学生的名字后，我听到下面有学生轻声在说："沈老师好厉害啊，第一天就认识我们了。"一下子就拉近了我和学生之间的距离。这时，我趁热打铁跟他们说，你们也要尽快认识班里所有的同学，一周后我们来挑战。之后班里的同学果然很快地熟悉了起来。

在批评学生时，我也尽量站在他的角度，不轻易叫家长，让他们觉得老师会为他考虑，关心他。师生关系也就拉近了。

此外，每次班级获得了集体的荣誉，我都会在班级里进行简短的总结和表扬，强调这个荣誉是大家的共同努力得来的，对为班级荣誉做出贡献的同学，我也会进行奖励，久而久之，班级的凝聚力和学生对班级的认同感增强了不少。孩子对班级的认同感强了，家长对班级的认同感自然也随之增强了。开学一个多月后，就有家长跟我反馈，他很高兴孩子较快地融入并喜欢上了新集体。

其次，在和家长沟通时，我的想法是：要让他明白，家长和老师是站在一条战线上的战友，在家长面前反馈孩子问题时，不打没把握的仗。有以下几点建议。

（1）少抱怨，多建议

我们经常听说"每一个问题孩子的背后就有一个问题家庭"。但是这个家庭的问题到底是什么？是什么原因造成的？我们是否知道。反观我们自己家庭，有时也会有很多对自己孩子成长不利的因素，所以，不给孩子贴标签，也不要给家庭随意贴标签。现实中，家家有一本难念的经，其实谁都不容易，老师对家长也要多一分理解、尊重、包容。当我们把这样的一层信息传递给家长的时候，更能够引起他们的共情，在沟通的时候会更加顺畅一些。此外，在与家长沟通孩子问题的时候，建议不直接把问题推给家长，最好提前想好一些措施后，邀请家长一起来商量实施，目的不是惩罚，而是把问题处理好。

（2）关注成长，保护隐私

家校合作，不是出了问题才合作，沟通应该是及时的、适时的！首先，我们与家长沟通不能只反映问题。平时看到学生的一些细微进步之处，比如某一次孩子的书写进步，可以随手拍下来在钉钉上及时反馈给家长，对于一些需要着重关注的孩子，偶尔给家长打个电话表扬下孩子近期的进步之处，让家长消除老师打电话就没好事的恐惧感，同时，等到真的有什么棘手的事情需要和他沟通的时候，他的态度也不至于不配合。

此外，如果是要反映问题，尽量不在群里点名，学生私密的东西最好单独发给家长。在公众的平台上尽量多进行集体性的表扬，确实有需要沟通的，其实一个电话会更有效率，因为在电话里，可以直接感受到对方的情绪，直面他的想法。

此外，现在的家长普遍都比较注重隐私，平时在发一些涉及个人信息的调查时，我一般都会尽量保护他们的隐私，比如在收集完之后尽快删除群里的文件消息，一些小小的细节，会让家长们觉得老师是在关注着他们的感受的，也会在一定程度上换来对老师工作的配合。

3. 王宇舒：花径只待用心扫　蓬门今始为君开

这学期，我们班发生了一起非常严重的安全事故，我们班一个叫蓓蓓的女孩在下课时和其他班的男生相撞，导致两颗牙齿连根撞出，另一颗牙齿半面断裂。但从最开始到现在，我和蓓蓓家长的沟通来看，他们从没有对我有过指责和抱怨，反而是一直觉得给我添了麻烦，一直在感谢我。我想这必定是"归功于平时"：平日里家长对老师的认可程度直接影响了事故发生时家长的态度。那么平日里家长对我的认可是如何建立的呢？我归纳了"六多六少"。

（1）多计划少随意

有备方能无患，每次在和家长沟通之前要提前设计好谈话内容，最起码做到心里有数：主要想反馈什么情况，有什么方法解决，家长能提供些什么帮助，这样做的目的是什么，缺一不可。我们的目的是帮助孩子解决问题，而不是把所有的问题丢给家长，有些家长不太懂教育的，有时孩子存在的问题对他们来说非常无助，而班主任就是他们的救命稻草。相反有些自认为很懂教育的人，也需要这样的计划性沟通，让他们明确自身存在的问题，我们比他们更有经验。比如一次考试之后，家长们需要的不是"他这次没考好，分数很低"，而是这次主要失分在阅读，接下来可以在这方面多练习一下，平时在读课外书时也可以对他提提问题。有计划地进行沟通不但可以让我们更有条理和底气，也能让家长感受到你对孩子的重视。

（2）多主动少推诿

作为班主任，要切记：不要等事情发生之后再去和家长取得联系，平时就要打好和家长和平相处的基础，有一些小欢喜要及时分享给家长。毕竟对他们来说，小欢喜可能就是大进步。有时可能短短几句话就能让他们改变对老师、对学校的态度。我们班是有一个微信群的，钉钉群主要是发布事务性公告、作业，而微信群主要就是发布一些照片、喜报和展示我所做的事的地方。比如在六一儿童节的时候，前一天晚上我发了家长准备气球、礼物的图片，在表扬家长的同时，其实也体现了老师的用心；第二天为每个孩子都拍了单人照，发在群里，家长能感受到老师对孩子的重视，这样他们就多了一分放心。平时的获奖情况更是第一时间发在群里分享，集体荣誉感不光是学生需要，家长一样需要。我一直觉得，既然我们做了，就要让他们知道。100 分减 1 分，还剩下 99 分，那是因为有 100 分的基础；

如果是 1 分减 1 分，就什么都没有了。所以我们的日常，就是在储备事故发生时的那 100 分。

（3）多倾听少讲述

在和家长沟通的过程中，表明主题后，要多倾听一下家长在这方面的态度，让他们也表明一下立场，不要一直是我们在说，等他们说完后，班主任再表达自己的观点，寻求教育支持。亲其师，信其道。倾听可以让他们体会到我们对家长的尊重和重视，这样才能同样得到他们的尊重和重视。

（4）多肯定少抱怨

在沟通时，要先扬后抑。先和家长说一说近期的进步，再提出问题，语言也不要太过指责。没有学生是一点优点都没有的，需要的是我们用心去观察。学习不好可能心地善良，调皮捣蛋可能性格阳光，语文退步很大可能手工能力提高了……这些都可以作为沟通时的谈资。我们班有一个男孩子成绩极差，单亲家庭，妈妈在宁波一周回来看一次孩子，平时都是和外婆在家，妈妈每天视频看儿子写作业，群里的信息几乎不看。几次沟通无效之后，我对这个孩子多花了一些心思。这个男孩画画很优秀，所以我平常经常给她发一些画，作业稍有进步就马上发给她看。一些表格不填，我来帮忙；校服不带，我提前准备；文具丢了，我提供给他。但是我做的这些事都有一个前提，就是我都要发给他妈妈，让她知道我都做了什么。从最开始的"好的"，到后来的"谢谢王老师"，再到后面妈妈不太好意思了，开始对孩子上心。其实家长也在不断转变。

在这里还有一个沟通小窍门，就是表扬孩子的话用文字，反映问题的话用语音。因为表扬他们的话用文字表达，方便家长反复回看，细细品味，埋头偷笑，发圈晒娃。反映问题用语音，是为了让家长听到你关心孩子的语气，以及温和的态度、委婉的措辞。

（5）多客观少主观

陈述观点，多说一些具体事实，减少一些主观性推断，不要去猜测学生。任何人都喜欢听表扬的话，都不希望老师电话打过来就是加入感情色彩的指责，所以我们只需要把情况真实反馈给家长，然后静待他们的反应，再根据他们的反应提出我们的解决对策即可，不要去给孩子下定论。

第三章　当我拥有一个班级

（6）多跟进少等待

沟通后要多关注学生动态，反思沟通结果。家校沟通是个反复的过程，不是谈了就一定有结果，有些习惯不是一日养成的，所以改变它也一定不容易。

无论发生什么事，我们都要清楚，一切都是以孩子为前提，我们最关注的点一定是学生。那天蓓蓓受伤之后，我一整个下午都陪在医院，第二天一早就打电话询问情况，返校之后给她补了落下的课，她情绪因此受影响，我还特意带她去了一个面馆和她谈心，防止她自卑。其实做的这些事都是再简单不过的小事，但是对于一个受到很大打击的孩子和家庭来说，这些无疑是最温暖的，也是我们能予以的最大的帮助。

这样做的结果就是遇到事情家长会理解你，有家长质疑大部分家长会站出来保护你，这学期五一过后，我们班换了数学老师，家长们一定是很不理解的，所以我在群里发完通知后，就有个别家长提出了质疑，还没等我解释，就有很多家长站了出来，其实这就是我们平日积累出来的认可。所以要实现平等的家校沟通，就要努力做到让家长信服、信任、信赖。用教师自身的能力，让家长信服；以对孩子的精准了解，让家长信任；急家长之所急，让家长信赖。对待强势的家长，有理有据不畏惧；对待淳朴的家长，谦卑有礼不傲慢，不同的家长用不同的方法去对待。

班集体建设之桥梁

——致初上讲台的你

　　首先恭喜你，初上讲台，成为一名年轻的教师。这个"年轻"可以指年纪不大，也许是刚大学毕业；也可以指第一次走上这个岗位，经验尚且不足。也许你还同时成为一名班主任，这意味着你肩上的担子比别人更重，但也有更多的时间与你的班级、你的孩子们在一起，你将收获别人无法比拟的快乐。

　　在上述板块，也许你对如何更好地担任班主任、建设班集体有了初步的了解。在这一板块，我将更近距离地站在你身旁，找回曾经也是新进教师、新班主任的那个自己，把我那些勉强能称之为"经验"的一点心得，双手奉献给你，帮助你在前行的路上走得更为坚实。

孩子已经变了，老师也要努力跟上

　　青少年的心理健康问题日趋严重，这背后的原因较为复杂。但对于学校、老师和家长来说，一个重要的挑战就是：我们是否足够了解当下的孩子？

　　这一代的青少年有着明显的个性特征，他们知识面广、信息素养高。对话语权要求和个性化生活要求都很高，如果得不到满足，很容易产生逆反心理。日渐严重的学生心理健康问题给我们敲响警钟：孩子已经变了，老师和家长却还没跟上。

作为新教师、新班主任的你，在面对日益严峻的青少年心理危机时，我们该注意什么，又该怎么做呢？

1. 追根溯源，聚焦背后折射问题

过去，学生心理问题主要受家庭、社会等外部环境影响；现在，学生心理问题主要来自内部，包括高竞争感和高孤独感。临床心理学博士、精神科医师徐凯文提出，"空心病"，即价值观缺失所致的精神障碍，其表现如下：

①抑郁：从症状上可能符合抑郁症的诊断，情绪低落、兴趣减退、快感缺乏。

②孤独：有强烈的孤独感和无意义感，感觉人生没有价值和意义。

③自我缺失：缺乏支撑其意义感和存在感的价值观，早期症状是迷惘和自我认同问题。

④外部认同：从别人的肯定当中看到自己的价值，需要维系在他人眼中好的自我形象。

⑤被评价恐惧：对于被评价有着强烈的厌恶和恐惧，继发性的表现是对学习、考试的厌恶。

⑥自杀倾向：强烈的自杀意念，特点是"不是想要死，而是不知道为何要活着"；尝试比较温和、痛苦比较少的自杀方式。

⑦自我否定和厌恶：尽管获得现实意义上的成功，但依然有非精神病性的自我否定和对自己的厌恶、羞耻。

不知你发现没有，班级里总有几个孩子行为和别人不一样，他们记忆困难、注意力难以集中、各科成绩都不理想，还有多动症、焦虑症甚至躁郁症等倾向；也有几个孩子非常内向，独来独往，回避社交，别人不经意的一句话可能都会对他产生莫大的影响。这几年来，这样的孩子已经日益趋于低龄化，不管你接手的是一年级新生还是中高年级班级，都应在最开始就关注到这样的学生，并做好持续的观察与记录，及时介入。

除学生内在因素之外，单一价值取向、紧张的家庭关系、异化的师生

关系都可能成为引发学生心理问题的诱因。此外，还有一个热点问题也需要我们重点关注与防御，就是校园霸凌。校园欺凌行为正成为一处"隐秘的角落"，在我们老师视线之外愈演愈烈。

2. 抽丝剥茧，重视学生心理变化

以前的孩子，需求重点还停留在马斯洛心理需求的最低层次——生理需求：吃饱穿暖。现在的孩子，需求点已上升至马斯洛心理需求的中高级层次——归属需求、尊重需求、自我需求，他们更看重自我个性、价值是否被认同与尊重。美国教育家约翰·杜威说："如果我们用过去的方式教育现在的孩子，就是在剥夺他们的未来。"所以，当我们的思维跟不上孩子成长的脚步时，他们会有不被理解的孤独，也会有无法实现自我价值的无奈。

试想一下，当孩子们的生活长期被各种作业、兴趣班、辅导班填满，当自己的爸爸妈妈工作越来越忙，当身边没有可以一起玩耍的伙伴，又有几个人能乐在其中呢？孩子们的童年，需要玩耍、运动，需要蓬勃的生命力。只有生命力越旺盛的孩子，内心才越阳光。

3. 正确应对，塑造孩子健全人格

如果你刚接手一个班级，看着班里个性、习惯各不相同的学生，你会怎样给你的孩子一个真正幸福的童年呢？

首先，你可以问问自己，与学生的关系中存在如下情况吗？

"我真心实意地对你们，你们却不理解我！"

"你这个学生，快把我气死了，我从来没见过你这样的，我的心脏病又要犯了！"

认为自己做的一切都是为了学生好，总希望学生听话。

经常漠视或看轻学生的感受。

……

也许只是脱口而出的一句话、不经意的一个眼神，其实都在一定程度上伤害了学生。对此，我们也应该通过自我察觉和提升的方式，切实为学生心理健康保驾护航。而当我们发现班里孩子出现心理问题或有问题倾向，

首先，我们要做到不以成绩定学生好坏；其次，认识到学生的认知障碍；关键，及时汇报情况，必要时寻求心理老师帮助。对待问题学生、特殊学生，我们都要给予关心和鼓励。

最后，我想我们可以做的，应该是让学生如教育学博士钱志亮所说："有充足的睡眠，可以好好长身体；有很多丰富多彩的活动，自在地疯跑、畅快地运动、投入地观察自然万物、和小伙伴玩游戏，或者只是静静地放空、发呆……这样的生活会让孩子每天兴致勃勃，感受着生活的乐趣，激发出内在生命力。"

如果我没有过人的天赋，那就请时间赐我力量

很喜欢陈琴老师说的一句话：如果我没有过人的天赋，那么，就请时间赐我力量。水滴石穿，磨杵成针，我一直相信时间的力量。时间会带给人改变，时间能教会人成长。我曾太过期待时间带来的成效而变得急功近利，也曾为找不到与时间齐头并进的方法而失落迷惘。现在，我想给自己一次机会，也和自己打一个赌，让时间证明，初上教坛的查老师，经过三年细致的规划与遵循，在三年后会有怎样的变化。

作为一名年轻的新教师，我对我的工作、我的班级怀着满腔的热血与热情，勤恳耐劳，不怕苦不抱怨，想把自己最好的一切都展现给学生。不走经验主义老路，易于接受新鲜事物，有自己的想法，敢于创新。但另一方面，我也确实缺少实践经验，虽然大学里见习实习多次，但与真正成为班主任性质完全不一样，有时遇到问题很容易焦虑急躁，找不到合适的解决方法。同时，书看得还不够多，在教学上仍需要多学习。

综合自身的情况，结合实际，我制订了以下目标，以鞭策自己不断努力，积极进取。

1. 坚持就是特色

（1）多观察，多提问，多学习。不管是班级管理还是语文教学，多向

有经验的教师学习，比如听课、观看教学视频，留心观察他们是怎么组织课堂教学与进行班级管理的，积极主动提问，把他们的好点子好主意"搬"过来，从借鉴模仿开始，不断学习再创造，逐渐形成自己的个性风格。

（2）建立班级日志（或公众号），准备好专门的笔记本，坚持每天写课后教学反思，每周至少2次记录班级日志或教育叙事。

（3）广泛阅读。从适合教师的教育教学书籍开始看起，绘本、历史、散文、国学等各类书籍都应该接触。有空的时候可以多阅读几页，工作忙碌的时候哪怕只翻阅一页也是收获。于永正老师说书应该慢慢地读，慢慢地体味，每天看什么书、看几页我不给自己做硬性规定，只要能坚持每天与书"约会"就是一种特色。最后应坚持每月写一篇读书笔记。

（4）坚持练字。我的字没有书法气息，只能算端正，每天睡前一定要坚持练字，时间长短根据当天的工作作息来定，求质不求量。

（5）睡前回顾反省。用睡前的一二分钟对一天的工作进行简单的小结，比如今天哪里做得不错，哪里还做得不够好，今后应该怎样改进。这既是对自己一天的回顾，也是对当天工作进行评定，鼓舞激励，锻炼自信。

2. 落实就是效率

（1）每天N记。准备一本随身携带的本子，用于记录灵光一现的灵感、不经意看到的有触动的话语、要注意的事项……

（2）家长也是一笔宝贵的财富。班级群，与家长进行沟通交流，及时了解孩子在家的表现、父母的家庭教育，针对个别孩子的表现与家长进行单独交流，所谓知己知彼百战百胜；家委会，群策群力，与有精力、有想法、有能力的家长一起进行部分班级事务的管理、班级活动的开展，既能减轻自己的负担，对家长来说又能及时了解班级情况。

（3）及时浏览相关教育信息网站，了解最新教育动态，吃透有利于自身今后发展、班级进步的教育信息。

（4）积极参加教研活动，珍惜每一次培训、教研的机会。一个好的教师，眼光不应该只看到自己的教学、自己的班级，更应该看到教育的大环境，看到外面的世界。听听优秀教师传授的经验，与其他教师进行互动交流。

（5）构建语文课程体系。教师不应该只局限于一本语文书，要学会整合资源，提高教学效率。早读课的成语接龙、儿歌，经典吟诵课的弟子规诵读，还有阅读课的绘本学习，这些都应该融入语文课程中来，建立大语文的概念，整合各种资源，逐步构建综合性的语文课程体系。

我还年轻，我还有很多不足；我还年轻，我还有很多成长的机会。时间会证明，我每一天的坚持与努力。

找回"凝聚力"的根本

晚上找傅校聊了好久，其实早该去了。从开学至今三个礼拜，我们班状态很不好，心很散。每个任课老师都来跟我说班级最近上课纪律不太好，行为习惯比较糟糕。原以为过个寒假孩子们会长大懂事些，却没想到被打回原形，从零开始。

为了尽快找回上学期的状态，我绞尽脑汁，想尽各种办法和他们斗智斗勇，比如讲"天使与恶魔"的故事，设立各种班干部，表扬的、惩罚的、激励的……但很遗憾这些方法都顶多维持一时，过一会儿就抛到脑后了，没有达到我预想的效果，班级还是这副样子。于是，这两天总是发脾气、骂人，弄得小朋友不开心，自己也伤心伤神。

傅校和我一起分析了班级目前的情况，挑出了几个最典型的"问题学生"，然后他跟我分享了他的一些想法。

（1）班级必须有一套稳定的评价机制，包括个人和小组。要让每个人每天都能看到自己表现的及时反馈，让每个小组竞争起来。把笑脸、星星等这些奖励积累下来，让孩子积极地计算"我已经得到几个笑脸了，再得几个就能换取什么了……"这个可以参考永兴学校汪小云老师的做法。

（2）有效用好"晨谈"。利用晨读的 10 分钟，回顾昨天班级各方面的表现，最好举实例，做得好的、做得不好的，整合后都罗列一下，通过老师的强调与引导，让孩子养成明辨是非的判断力。

（3）带课外读物很有必要。能够静心看书的小朋友一定能够静心思考，下课的时候、作业提早完成的时候，翻开书静静阅读，这比批评、惩罚来得有效得多。

在人间的四月天里，沉淀一份责任

接到任务说要给一年级的老师们作语文教学经验介绍，总觉得自己才疏学浅，想来甚为惭愧，所以我翻阅起曾经写过的一些教学随笔，借此寻找和大家交流的底气。

1. 颠覆传统，转变观念

（节选）确定了绘本内容后，沈校提点我要从课程出发，抓住重点。老实说，当时听后真的云里雾里，不知道从哪儿下手，于是写出来的教案和常见的绘本教学设计没什么两样，体现不出"学科味道"与"童年味道"。后来，沈校见我没听明白，又特地针对文本详细地告诉我该怎样入手、突出重点，我才开始似懂非懂。我的理解是：绘本教学应从文本出发，关注学生的朗读能力、语言文字运用等能力，使教学有语文味，但又不等同于语文教学。绘本不仅可看、可读，还可以融入表演、续写、改编、创作等元素，因此我们在操作时需要"颠覆传统"，"玩转"绘本，释放儿童的童真童趣。

2014 年 1 月，区级轻负高质现场会在我们学校召开，作为八堂公开课之一，我选定了绘本《我的幸运一天》作为我的教学内容。以上是我在教案一改再改、历经煎熬完成教学后的反思随笔，也是我开始逐渐转变教学观念的一个重要里程碑，而这也是我想分享给大家的第一点：**颠覆传统，转变观念**。

并非设计精彩纷呈、内容充实饱满才是一堂好课，把握节奏感和韵律感，突出重点，层次分明理应是我们课堂教学的关键。以下有几点课堂教学硬性要求：

①导入 1 分钟左右；

②主要核心问题有所体现（板书或 PPT 课件）；

③学生自主小结 1 分钟；

④保证 8—10 分钟的课堂练习。

这就意味着 35 分钟的课，我们仅有 25 分钟开展教学，因此，内容环节要安排得当，环节与环节之间有快有慢，有轻有重，层次分明。知识是一定有难有易的，学生也绝对不会什么都不懂，同样都是教学点的情况下，简单的简单讲、学生自己讲、甚至不讲；有难度的重点讲，或者学生小组探究。妥善处理每一个环节，这样既合理安排了课堂教学时间，学生的学习兴趣也能保持在一个较高水平。

除了转变课堂教学观念，还要重新思考对"语文"的理解，构建语文课程体系。我们的教研共同体根据不同团体渗透在不同学段，一、二年级主要是儿童诗和绘本教学，我们的团队在一路摸爬滚打中逐渐有了自己的理解，也在多次课程展示中获得好评。在课改的大背景下，我们将拓展性课程立足于语文课程大背景，对语文教材进行拓展与二次开发，力求体现"童年味道"与"学科味道"。

除此之外，关于"T+X"特色课程，一年级的 X 部分主要是经典吟诵，内容包括成语接龙、弟子规、三字经（教学可以穿插，可以分阶段）等。为了激发学生的学习兴趣，我们会让学生打节拍吟诵出节奏；在期末评价中，我们也会根据教学进度制定出评价表。

2. 坚持就是特色

（节选）素读，纯粹地读，以记忆学习为中心，在反复朗读中追求熟练记诵。在陈琴老师短短一天的讲话中，我看到了一、二年级的孩子们快乐地、手舞足蹈地吟诵《弟子规》《千字文》《声律启蒙》《百家姓》……这些在我们看来生涩遥远的国学经典，他们吟诵得那么投入；在陈琴老师的示范诵读中我也真切感受到了在古时候，在私塾里，那些摇头晃脑、平长仄短的吟诵所给予古文、诗词的文学与艺术魅力。不得不说，我被陈琴老师吟诵的

《诗经·木瓜》《满江红》等深深震撼了，初听让我觉得古怪的腔调，还有配上的手势动作，却仿佛把我带进了诗文所在的时代，诗人仿佛就站在我面前，用他的吟唱、手势，最直接地告诉我他当下的情感。

"素读经典，不求甚解"，这是我了解到的陈琴老师的教学理念，除此之外，从她身上我还学到了：**坚持就是特色**。

我没什么才艺，写字不太好看，文字功底欠缺，是一名非常普通的语文教师。找遍全身上下也只能发现普通话说得还可以，所以从一年级接班开始，我就决定在朗读指导上下番功夫，把班级培养目标定为朗读特色班。

语文是一个重积累的过程，语感的培养更是一个漫长的过程，这其中没有所谓的抽象的和普遍适用的规则和方法，贵在坚持，唯有在坚持中不断探索。萧玲曾说："小时候孩子的容易塑造，正如水是柔软的，可以轻易改变它的流向。"一、二年级的孩子最容易也最需要我们的引领去改变。为了营造朗读氛围，课堂上我多次进行示范朗读；一课之内不能读出整齐、顺畅及合适感情的，必定要返工；课后选取优秀故事声情并茂地讲给孩子听；针对乡音难改的孩子，给他降低要求，并找个小老师指导；定时安排录音作业，指出进步与不足，及时鼓励与表扬……三年来，班级整体朗读水平有了长足的进步，在开发区朗读抽测中，我们班也取得了不俗的成绩。我想，这一切都是坚持付出与努力的结果。

除了朗读，写字、写话等都可以成为班级的特色，只要你愿意付出，不断探索，并坚定不移地朝着这个目标前进。

3. 落实就是效率

（节选）我心中这个"神话"竟然即将坐在我的教室后面听我上课！好像做梦一般，太不真实，但梦醒后，倍感压力。于是，我不断地修改教案，完善课件，晚上一个人走进教室一遍遍地模拟试教……完全出乎意料，评课时于老师肯定了我的语言组织、表达能力与一些出彩的教学环节设计。很感激有这样一次机会，大师短短几句话就拨开了我心中的迷雾，让我知道了自己的不足，也明确了今后须坚定不移坚持的方向：朗读、书写与表达。

　　不管是语文老师还是学生都要在以下三个方面做足功夫：朗读、书写与表达。老师的朗读、书写与表达的指导都是为了学生的能力发展，而学生的朗读、书写与表达能力最直接反映的恰是老师的这三方面水平。

2013 年 8 月，全国语文特级教师于永正老师来到江湾给我们做培训，那时的江湾还在建，我们的培训地点设在对面的江湾幼儿园，紧接着三个月后，于老师再次来到江湾，甚至走进我的课堂听我上课。现在想来还是做梦一般。于老师和大家交流了很多，走之前也给大家留了言，于老师赠我的是：**落实就是效率**。今天，我同样也想把这句话分享给大家。

　　首先要落实的就是语文课堂常规。培养语言表达能力是一个漫长的过程，而秩序生成的时机却是一旦错过，补救艰难。从新课开始的第一分钟，到开学第一周，是建立课堂常规的黄金时间。规则是教出来的，教师的重要职责是引领。面对刚入学的孩子，我们要耐心地、反复地进行指导，课堂常规做好了，今后你的课堂教学就轻松多了。

　　可以结合"五个学会，江湾六条"中的"学会说话""学会整理""学会作业"，整合成自己最需要的课堂常规，比如：

　　①预备铃响，统一在桌子左上角放好课堂所需书本和学具，大的在下，小的在上；

　　②齐读等放声朗读时，人坐正，将书立起来，两手拿好；默读时将书在桌面上放平（三年级开始）；

　　③学会倾听，老师讲课时要安心听，同学发言时也要安心听；

　　④发言前请举手；

　　……

　　其次要落实的是日常积累。管建刚老师说：一个老师要从"平凡"走向卓越，他的 10% 是"记录"，记录每天的教育小智慧、趣事、反思或心得。我觉得也可以理解成"积累"，每天一点点地积累，积少成多，聚沙成塔。不仅老师要积累，学生也要积累。在潜移默化中积累有质量的发言，积累声情并茂的朗读，积累端正的书写和文字通顺的表达。

等待花开的季节里守望成长

一年级下册开始接触看图写话，在经历了很长一段时间的迷茫和无措后，我开始带着孩子们练习造句。从简单的一个词语开始，起初，孩子们造的句子很简单，或是习惯偷梁换柱，渐渐地他们可以用成语造句了，再后来，他们的句子越写越长，可以把一句话写成一段话，可以围绕中心句写出一段话，而这都是日积月累的结果。

　　理念，坚持，落实，这是我今天分享的三个关键词。

　　我的孩子们，像极了人间的四月天，有爱，有暖，有希望。谁曾说，你的成长，总是伴随着我的老去。他们不但教会我成长，也教我学会沉淀作为一名语文教师的责任。

后 记

　　2013年的秋天，当我写下第一篇教育随笔的时候，从没有想过，在十年后，这些笔记会有得以出版的一天。人生真是奇妙，昨日的每一步都暗藏着通往今日的路。

　　至2023年秋，我走向自己的第一个教育十年，过往的一幕幕精彩的、遗憾的抑或难忘的经历，此刻都不再遥远，于时间的缝隙中，由远到近，向我呼啸而来。

　　十年，我有幸成为江湾小学的第一批教师，从一名语文老师、班主任走到现在的行政管理岗位，一路成为学校发展变化的见证者、参与者和建设者，更是一名实实在在的收获者。如果要给予这十年教育一个关键词，我想一定是"突破"。突破是一个漫长的过程，首先经历心智的拘禁，继之是行动的惶惑，最后是成功的喜悦。授课是如此，教育是如此，写书亦是如此。唯有把握当下的生命，让自己的每一分钟都变得快乐、有趣、有意义，才能走向更为清晰的远方。我想这是我们非常重要的功课，也是今世为人的责任。

　　《等待花开的季节里守望成长》，此书记录的是我做班主任时，我和我的孩子们共同成长的故事。在每一个阳光灿烂的日子里，花朵依次开放，我也在送走一批又一批逐渐长大的孩子后，蓦然回首，看到每一个微笑的瞬间被永久定格。

　　这些年来，在我的成长中得到了各级领导、同事和朋友的关心、支持和帮助，在此表示最衷心的感谢！

　　在人生成长过程中，感恩沈兴明校长，从初见我时就给予的信任、帮助和培养，以最前沿的教育和管理理念，一路引领我在专业发展和管理岗位不断成长。感恩傅华峰校长，教会我始终站在学生成长和学校发展的角度做教育，用坚定的教育初心和丰富的教育经验，不断指导和帮助我这样年轻教师的专业发展。感恩余谦科长给予我德育工作的专业指导、肯定与引领，为我指明个人发展及德育体系化、特色化发展的方向。

在书稿整理过程中，感谢胡锦洪校长真诚、无私的帮助，感谢杨吉元老师的鼓励和建议，感谢管来香、李伟、沈佳丽、王宇舒老师在班级管理板块提供的案例。

在成书过程中，感谢中国广播影视出版社、北京人文在线的编辑老师们细致、辛勤的工作……

因为有你们的帮助，我才有信心一步一步走向花开的季节。未来，我也定会继续书写自己的教育故事，在下一个和每一个十年中，守望最坚定的成长！

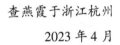

后
记

查燕霞于浙江杭州

2023 年 4 月